많은 이들의 영적 아버지인

릭 조이너, 밥 존스에게 이 책을 바칩니다.

지금의 제가 있게 된 것은

당신들의 사랑과 지도와 격려 덕분입니다.

당신들의 믿음과 겸손, 주님을 향한 헌신이

늘 저에게 깨달음과 영감을 불어넣어 주었습니다.

당신들로부터 받은 은혜는 도저히 갚을 길이 없습니다.

당신도
예언할 수
있다

스티브 탐슨 지음 | 임정아 옮김

목차

Chapter 1	예언의 기초원리	6
Chapter 2	예언에 관한 신화와 그릇된 신념들	18
Chapter 3	하나님은 어떻게 말씀하시는가?	40
Chapter 4	계시 해석하기	77
Chapter 5	해석을 위한 준비	111
Chapter 6	예언사역에 입문하다	122
Chapter 7	예언사역 관리하기	147
Chapter 8	예언의 영 회복하기	166
Chapter 9	지혜와 경고	187
Chapter 10	거짓 예언자들의 기원	201
Chapter 11	속임수의 뿌리	220
Chapter 12	거절 극복하기	233
Chapter 13	예언사역자들에게 드리는 말씀	245
Chapter 14	목회자와 교회 지도자들에게 드리는 말씀	251

부록) '주님이 말씀하시기를'이라는 표현을 어떻게 생각하는가? ……… 256

Chapter 1

예언의 기초원리

　매트가 어느 부부를 위해 기도해 주고 있을 때였다. 기도하는 도중에 그는 그 부부를 위한 예언적 말씀을 받았다. 매트가 그들에게 전해 준 내용은 그로서는 전혀 모르고 있던 정보였다. 그 부부에게는 세 자녀가 있었는데, 맏아들은 이미 세상을 떠난 상태였다. "부인의 맏아들은 죽었습니다만, 그 아들은 지금 주님의 보호를 받고 있답니다. 주님은 부인에게 이 사실을 알려 주고 싶어 하십니다." 이 말에 그녀는 울음을 터뜨리며 주님을 찬양했다. 잠시 어리둥절한 모습으로 바라보고 있던 그녀의 남편도 곧 부인을 따라 울기 시작했다. 주변을 에워싸고 있던 그들의 친구들도 덩달아 기뻐했다.

　그 부부에게는 세 명의 자녀가 있었는데, 큰 아들이 바로 1년 전 지중해 연안에서 수영을 하다가 물에 빠져 익사하고 말았다. 그 아들은 몇 년 전부터 하나님과 부모와의 관계 모두 소원해져 있었다. 아들과 자주 만나지 못했던 그들은 아들의 마음이 늘 주님을 향하고 있었다는 사실을 알지 못했다. 이런 까닭에 그들은 아들을 잃은 후 줄곧 괴로움 가운데 지내고 있었는데, 매트가 전해 준 예언적 메시지가 이들의 마음을 위로하고 치유해 주었다.

이 같은 예언적 말씀의 가치를 어떻게 다 표현할 수 있겠는가? 자녀문제로 고통에 시달리던 어머니와 아버지가 고통에서 해방되었고, 자신들을 향한 주님의 사랑을 다시금 확인하게 되었다. 짤막한 한 마디로 이토록 큰일을 이루어낸 예언적 메시지의 값어치는 도저히 돈으로는 환산할 수 없다. 문자 그대로 값을 매길 수 없는 것이다.

내가 처음 매트를 만났을 때만 해도, 그는 아주 단순한 예언적 메시지조차 머뭇거리며 잘 전달하지 못하던 사람이었다. 하물며 방금 전에 소개한 것과 같은 비중 있는 메시지는 두말할 나위가 없다. 그러나 역량을 펼칠 수 있는 다양한 기회와 격려를 받을 수 있는 훈련과정을 거치면서, 그는 기름부음이 있는 어엿한 예언사역자로 성장해 가기 시작했다. 우리 교회의 훈련과정과 우리가 후원하는 예언훈련 세미나를 통해 배출된 매트와 같은 예언사역자들은 수천 명이 넘는다.

예언과 관련된 주요 논제들

예언과 예언사역에 관해서 상당히 많은 질문들이 제기되고 있다. 예언사역은 과연 오늘날에도 유효한가? 누가 예언할 수 있는가? 하나님은 어떤 방법으로 말씀하시는가? 하나님이 우리에게 말씀하신다는 사실을 어떻게 알 수 있는가? 성취되지 않은 예언에 대해서는 어떻게 할 것인가? 예언이 100% 정확하지 않다면, 예언한 사람은 거짓 예언자인가? 하나님께 꿈이나 환상이나 말씀을 주시도록 요청하는 것을 허용해도 좋은가?

이 책에서는 이러한 질문들에 대해 중점적으로 다룰 것이다. 또한 하나님이 오늘날 어떤 방법으로 우리에게 말씀하시는지 살펴볼 것이다. 뿐만 아니라 하나님으로부터 받은 계시를 해석하는 방법을 개괄해 보고, 다양하고 상이한 상황에서 어떻게 예언사역을 할 것인지에 관한 몇 가지 지침들을 제공할 것이다. 이 책의 후반부에서는 예언사역으로 부름 받은 사람들이 빠지기 쉬운 함정을 극복하는 데 도움이 될 실제적인 지혜와 통찰들을 소개할 것이다.

이상의 질문들에 대한 해답을 제시하기 전에, 먼저 이 책 전반에 걸쳐 사용되고 있는 전문용어들의 의미를 살펴보자.

예언이란 무엇인가?

고린도전서에서 바울은 예언에 대해 다음과 같이 간단하게 정의했다.

그러나 예언하는 자는 사람에게 말하여 덕을 세우며 권면하며 위로하는 것이요 (고전 14:3)

예언이란, 말로써 다른 이를 위로하고 격려하고 힘을 북돋워 주는 일이다. 그러나 예언은 인간적인 차원의 격려를 말해 주는 것만은 아니다. 예언은 하나님이 주시는 격려를 말로 전달해 주는 일이기도 하다. 쉽게 말해 예언이란 하나님으로부터 '듣고', 그 내용을 다른 이를 격려하고 위로하고 세워 주기 위해 전해 주는 것이다. 즉, 하나님으로부터 들은 것을 인간에게 이야기해 주는 것이 예언이다.

이 책에 사용된 '예언'(prophecy)이라는 단어는 특정 개인 혹은 단체를 위해 특별한 '말씀'(word)을 받아서 전해 주는 것을 의미한다. 여기서 '예언'은 집회 중 조용한 시간에 한 사람이 자리에서 일어서서 온 회중을 상대로 일반적인 훈계를 전달하는 것을 뜻하지는 않는다.

물론 하나님의 마음에서 우러나온 메시지나 성경말씀으로 회중을 격려하는 것도 타당한 예언적 표현이긴 하다. 그러나 이는 우리가 실시하는 예언훈련의 목적과는 거리가 멀다. 각 개인을 위로하고 격려하고 덕을 세우기 위해 하나님의 특별한 계시를 요청하고, 이를 인지하고 해석하도록 신자들을 훈련시키는 것이야말로 우리가 실시하고 있는 예언훈련의 가장 중요한 목적이다. 이와 동일한 원리는 회중들, 도시들, 나아가 나라들에 대한 예언적 통찰을 받는 일에도 적용된다.

서로 다른 예언적 은사들

예언에는 지식의 말씀의 은사, 지혜의 말씀의 은사, 영 분별의 은사, 예언의 은사가 포함된다. 이 책에서는 예언훈련의 목적상, 하나님으로부터 받아 누군가에게 전달해 준 계시를 모두 예언 혹은 예언적 말씀으로 간주할 것이다. 지면의 한계로 인해 각각의 사례에서 어떤 은사가 나타나고 있는지를 구분하는 것은 생략하겠다.

고린도전서 12장 8-10절에서 바울은 서로 다른 아홉 가지 영적 은사들을 언급한다. 이들 중 지식의 말씀의 은사, 지혜의 말씀의 은사, 영 분별의 은사는 계시적인 특성을 지닌다. 그리고 네 번째인 예언의 은사는 계시적 특성을 지닌 세 가지 은사들과 함께 '예언적인 은사들'을 구성한다.

지식의 말씀

지식의 말씀은 자연적인 방법으로는 알 수 없는 특정한 사람이나 장소, 사건에 대한 구체적인 사실을 말한다. 누군가의 이름, 직업, 출생지, 생일, 지나온 이력에 관한 상세한 사항 혹은 이들과 관련된 정보들이 포함될 수 있다. 대체로 지식의 말씀은 방향을 제시해 주는 내용이 아니라 단순한 정보를 담은 사실들이다. 이를 '지식의 말씀'이라 부르는 이유도 여기에 있다.

지식의 말씀에 관한 성경적인 사례는 요한복음 4장에서 찾아볼 수 있다. 제자들이 음식을 사러 동네에 들어간 사이, 예수님은 사마리아 여인과 만나 이야기를 나누셨다.

> 이르시되 가서 네 남편을 불러 오라 여자가 대답하여 이르되 나는 남편이 없나이다 예수께서 이르시되 네가 남편이 없다 하는 말이 옳도다 네

가 남편 다섯이 있었고 지금 있는 자도 네 남편이 아니니 네 말이 참되도다 여자가 이르되 주여 내가 보니 선지자로소이다 (요 4:16-19)

예수님은 이제까지 그녀와 한 번도 만난 일이 없으셨다. 그러나 지식의 말씀으로 그녀의 결혼 및 이혼 경력, 현재의 삶의 정황에 관한 실제 사실을 밝히 드러내셨다. 이 지식의 말씀으로 인해 사마리아 여인은 예수님이 하나님의 은총을 받은 분임을 깨달았다. 마침내 그녀는 이렇게 고백했다. "주여 내가 보니 선지자로소이다."

바울은 지식의 말씀이 가지는 한 가지 가장 중요한 목적을 다음과 같이 요약한다.

그러나 다 예언을 하면 믿지 아니하는 자들이나 알지 못하는 자들이 들어와서 모든 사람에게 책망을 들으며 모든 사람에게 판단을 받고 그 마음의 숨은 일이 드러나게 되므로 엎드리어 하나님께 경배하며 하나님이 참으로 너희 가운데 계시다 전파하리라 (고전 14:24-25)

본문은 한 마디 지식의 말씀이 얼마나 큰 잠재적 능력을 지니고 있는지를 잘 보여 준다. 사마리아 여인은 예수님과 이야기를 나누는 동안 그분이 하나님의 은총을 입은 분이라는 사실을 깨달았다. 이러한 충격적인 만남 이후 그녀는 마을로 돌아가 복음전도자가 되었다. 단지 사마리아 여인 혼자만 하나님을 만나는 데 그친 것이 아니라 그녀를 통해 마을 전체가 예수님께 나아왔다. 이 모든 일은 한 마디 지식의 말씀을 통해 얻은 결과였다(요 4:28-42).

지혜의 말씀

지혜의 말씀은 특별한 상황에 대한 하나님의 뜻, 계획, 목적에 대한 계시이다. 지혜의 말씀은 여러 가지 면에서 지식의 말씀과는 달리 방향제시적인 성격을 띤다. 특정 상황에서 이루어져야 할 일에 관한 예언적인 통찰을 포함하기 때문이다. 지혜의 말씀은 지식의 말씀만큼 극적이지 않을 수도 있다. 그러나 해야 할 일에 관한 하나님의 통찰을 제시한다는 점에서 무엇보다 절실히 요청되는 은사이다.

사도행전 27장은 바울에 의해 사용된 지혜의 말씀의 좋은 실례를 보여 준다. 배에 승선하기 전, 하나님은 바울에게 이번 항해를 통해 많은 손실이 발생할 수도 있다는 감동을 주셨다(10절). 항해 도중 배가 곤경에 처하게 된 순간, 바울은 천사의 방문을 받는다. 천사는 바울에게 배에 탄 모든 이들이 안전하게 보호받을 것이라는 약속의 말씀을 전한다(22절). 선원들은 폭풍으로 생명이 위태로워지자 구명보트를 내리려고 했다. 이때 바울은 그들이 구명보트를 내린다면, 배에 탄 사람들이 위험해지게 될 것이라고 말한다(30-31절). 그들은 바울의 말에 순종하여 자신들의 계획을 내려놓았고, 마침내 모두가 목숨을 건졌다.

마지막 부분에 제시된 계시, 즉 선원들이 반드시 배 안에 남아 있어야 한다는 내용이 바로 지혜의 말씀이다. 이는 결코 과거에 일어난 일 혹은 앞으로 일어날 일에 관한 단순한 정보가 아니었다. 이는 선원들을 향한 하나님의 섭리 속으로 뚫고 들어가는 계시이자, 앞으로 해야 할 일이 무엇인지를 알려 주는 계시였다. 이것이 바로 지혜의 말씀의 본질이다.

영 분별

'분별하다'(discern)라는 단어는 '~와의 차이를 구별하다'라는 뜻을 지닌다. 성경에서 '영'(spirit)은 천사들, 귀신들, 사람의 영, 성령, 기름부음의 역사, 영적 능력을 전수하는 일, 누군가에게 동기를 부여함으로 영향력을 주는 일 등을 지칭할 때 사용되었다. 영 분별이란 서로 다른 유형의 영들과 기름부음의 역사들을 인지하고 그 차이를 구별해 내는 능력을 말한다.

많은 사람들이 영 분별을 마치 누군가 귀신이 개입된 문제를 가지고 있을 때 이를 판별하는 능력을 말하는 것으로 배워 왔다. 이는 영 분별의 은사가 지닌 한 국면일 뿐 총체적인 정의는 아니다. 영 분별은 영적인 은사들과 부르심(calling)을 식별하는 능력이며, 천사의 활동이나 사람의 마음상태, 집회 가운데 나타나는 주님의 임재의 구체적인 목적 등을 파악하는 능력이다. 이것은 치유 시에 지식의 말씀처럼 기능하기도 한다.

영 분별의 성경적인 사례는 사도행전 16장에서 찾아볼 수 있다.

바울과 우리를 따라와 소리 질러 이르되 이 사람들은 지극히 높은 하나님의 종으로서 구원의 길을 너희에게 전하는 자라 하며 이같이 여러 날을 하는지라 바울이 심히 괴로워하여 돌이켜 그 귀신에게 이르되 예수

그리스도의 이름으로 내가 네게 명하노니 그에게서 나오라 하니 귀신이 즉시 나오니라 (행 16:17-18)

위 구절에 등장하는 여종은 정확한 사실을 말하고 있었다. 그러나 바울은 그녀 속에 점치는 영이 역사하고 있음을 분별하였다(16절). 비록 진실을 말하고 있었으나, 그 말의 원천은 성령이 아닌 귀신이었다. 바울의 영은 괴로움을 느꼈다. 이는 바울 안에서 영 분별의 은사가 어떤 식으로 기능했는가를 보여 주는 예이다.

언젠가 방 안에서 한 신사와 마주보고 앉은 적이 있었다. 영 분별의 은사를 통해 나는 그 남성에 관한 예언적 통찰을 받기 시작했다. 그리고 받은 통찰을 그에게 전해 주었다. 그가 가정 그룹들을 세우는 사역으로 부름 받았다는 것과 이제 주님이 그를 통해 '소그룹 만남을 통한 획기적인 활성화'를 일으키실 것이라는 내용이었다. 잠시 후 그는 자신이 목사라고 밝혔다. 그리고 바로 한 달 전에 전 교인을 셀 그룹으로 전환했다고 하였다. 그날 나의 예언적 메시지는 그에게 크나큰 용기를 주었다.

한번은 몇몇 친구들이 한 남성을 위해 기도해 주고 있었다. 그 남성은 오래전부터 몸에 심각한 감염 증세가 나타나 고통당하고 있었다. 의사들조차 정확한 감염 부위를 진단하지 못했고, 치료방법도 겨우 일반적인 수준에 머물고 있었으며, 약물요법도 효과를 전혀 거두지 못했다.

기도 그룹이 그를 위해 기도해 주는 동안, 그룹의 멤버 중 한 사람이 자기 몸의 특정 부위에 이상한 감각을 감지했다. 기도를 마친 후 그는 기도를 받던 남성에게 기도 중에 경험한 사실을 설명해 주며 그의 감염 부위가 아마도 자신이 통증을 느낀 부위와 동일한 지점일지도 모른다고 하였다. 그날 오후 그는 병원에 가서 X선 체축 단층사진(CAT scan)을 찍었다. 검사결과, 감염 부위는 기도 그룹의 멤버가 언급한 곳과 정확하게 일치하는 것으로 밝혀졌다.

이상은 영 분별에 관한 두 가지 사례에 불과하다. 3장에서는 영 분별의 은사가 어떻게 기능하며, 서로 다른 사람들이 이 은사를 어떻게 받고 인식하는지에 관해 보다 상세하게 살펴볼 것이다.

예언의 구성요소들

모든 예언의 말씀은 기본적으로 계시, 해석, 적용으로 구성된다. 대체로 이 세 가지는 개별적인 요소들로 존재하는데, 이들이 한데 모일 때 비로소 하나의 예언적 말씀이 형성된다.

계시

예언적 말씀을 구성하는 첫 번째 요소는 하나님께로부터 받은 정보이다. 우리는 아무런 사전지식이 없는 상태에서 주님으로부터 이러한 정보를 받는다. 근본적으로 계시란 하나님이 알려 주시기 전까지 결코 알지 못했을 지식이나 정보를 의미한다. 계시는 다양한 형태와 서로 다른 수준으로 주어진다.

계시는 꿈이나 환상, 감동이나 인식을 통해서도 온다. 계시는 기본적으로 예언적 말씀 가운데 '당신이 본 것은 무엇인가? 들은 것은 무엇인가? 받은 것은 무엇인가?'에 해당하는 부분이다. 일반적으로 해석이 수반되지 않은 계시는 무용지물인 경우가 많다.

해석

예언적 말씀을 구성하는 두 번째 요소는 해석이다. 해석이란 하나님으로부터 받은 계시에 관한 깨달음이다. 이는 예언의 말씀 가운데 '하나님이 말씀하시려는 바는 무엇인가?' 혹은 '이것은 무엇을 의미하는가?'에 해당하는 부분이다.

적용

예언적 말씀을 구성하는 세 번째 요소는 적용이다. 적용이란 받은 계시와 해석을 어떻게 활용하고 사용할 것인가에 관한 깨달음이다. 적용은 예언의 말씀 가운데 '우리가 이제 무엇을 할 것인가?'에 해당하는 부분이다. 대체로 적용은 예언하는 자들의 역할은 아니다. 예언적 말씀을 가지고 앞으로 해야 할 일을 결정하는 것은 예언을 받은 사람의 몫이다.

예언사역

이 책 전반에 걸쳐 사용될 '예언사역'은 하나님이 누군가를 사용하셔서 말씀하시거나 예언적인 사역을 하게 하시는 경우 모두를 총칭한다. 앞으로 나는 본질상 예언적 성격을 지닌 사역을 모두 예언사역이라 부르겠다. 이 책에 사용되는 용어는 결코 어느 특정 수준의 예언단계를 표현하는 개념은 아니다.

예언적 직임

이 책은 신약성경에 언급된 예언사역의 직임에 관해 다룬 책이 아니다. 이 책에 소개된 지침들은 지역교회와 신자들 사이에서 이루어지는 예언사역의 척도들이다. 물론 어떤 것들은 연관성을 가지고 있기도 하다. 그러나 이 지침들을 마치 예언자의 직임을 안내해 주는 것으로 오해하지 말기를 바란다.

예언사역자들

이 책 전반에 걸쳐 예언사역으로 부름 받은 사람들을 간단히 예언사역자라고 표현하였다. 현재 우리 교회에서 팀을 구성하여 예언사역 훈련을 받고 있는 사람들은 약 500명가량이다. 이들 중 절반은 어느 정도 자신의 삶에서 '예언사역으로의 부르심'을 가지고 있는 자들이다. 나머지는 교사나 목사, 복음전도자, 혹은 남을 돕는 사역으로 부름 받은 이들이다. 거듭 이야기하지만, '예언사역자들'이란 예언자의 직임과 동의어가 아니다.

1장에서는 서로 다른 예언의 은사들에 관한 아주 기초적인 정의만을 제시하였다. 앞으로 논의가 진행되면서 개념 정의도 더욱 분명해질 것이다. 지금까지는 이 책 전반에 걸쳐 사용된 용어들을 기능적으로 정의해 보았다. 이제는 예언적 은사들이란 무엇이며, 이를 어떻게 받아야 하는지에 관해 성경적 토대를 살펴볼 것이다.

Chapter 2

예언에 관한 신화와 그릇된 신념들

사람들이 예언사역을 기피하는 이유는 매우 다양하다. 가장 일반적인 이유는 무지와 무관심이다. 그런데 무지보다 훨씬 더 나쁜 것이 있는데, 바로 예언과 영적 은사에 대한 잘못된 개념들과 가르침들이다. 이로 인해 오랫동안 수많은 사람들이 예언사역자로 훈련받지 못하였다.

우리 모두는 나름대로 영적 은사에 대한 신학을 가지고 있다. 다만 자신의 생각을 분명히 표현해낼 능력을 가지고 있는 사람이 드물 따름이다. 안타깝게도 우리가 가진 신학은 대체로 성경에 근거하고 있다기보다는 신화와 관념주의, 인간적인 지혜의 영향을 받고 있다. 인간이 만들어낸 신학은 하나님이 주신 영적 은사들을 활용하지 못하도록 방해하는 결정적인 걸림돌이 될 때가 많다. 따라서 신화와 편견들의 실체는 적나라하게 밝혀져야 한다.

이러한 장애물들을 제거하고 예언적 은사를 수용하고 활용하기 위한 기초를 다지기 위해 하나님의 말씀인 성경을 면밀히 살펴보아야 한다. 성경은 '더 확실한 예언'(벧후 1:19)이다. 성경은 모든 면에서 우리가 가지고 있는 신학의 유일무이하고 견고한 기초라고 할 수 있다.

신화를 만들어내다

예언 및 영적 은사에 대한 신화와 편견들은 대체로 교회 지도자들이 만들어낸 것이다. 이러한 신화와 편견들은 영적인 미성숙으로 인해 초래되는 실수들에 대한 반작용으로 생겨났다. 여기서 우리가 잘 이해해야 할 것은 신화와 편견들에 관한 가르침들이 오류를 바로잡으려는 목적으로 만들어졌다는 사실이다. 물론 당시로서는 원하는 목적을 달성했을지 모른다. 그러나 결국 이것들은 수많은 이들로 하여금 하나님이 교회를 위해 주신 영적 은사들을 체험하고 활용하며 살아가지 못하도록 방해하는 걸림돌이 되었다.

이번 장에서는 다섯 가지 기본적인 신화들을 성경에 나타난 개념 및 사례들과 비교하여 다뤄보려고 한다. 여기서 언급되는 진리들은 성경적으로 모두 타당하고 균형 잡힌 것들이다. 물론 처음에는 극단적인 것으로 여겨질 수도 있다. 우리는 이제껏 관념론의 테두리 안에서 하나님의 지혜가 아닌 인간의 이성으로 기독교 신앙을 정의해 왔다. 하나님의 방식을 인지하는 일이 그토록 어려운 이유가 바로 여기에 있는지도 모른다.

신화 1) 우리에게 필요한 것은 성령의 열매이지 성령의 은사가 아니다!

이 개념은 얼핏 타당한 말로 들린다. 그러나 성경말씀에 비추어 보면 부정확한 생각이다. 이러한 가르침은 주로 올바른 인격보다는 영적 능력을 더욱 추구하는 듯한 이들을 바로잡기 위한 목적으로 제기되었다. 성령의 열매가 아니라 오직 영적 은사들만 추구하는 것은 잘못된 자세이다. 그러나 우리는 영적 은사들의 중요성도 결코 간과해서는 안 된다. 어쩌면 우리는 잘못 하나를 시정하려다가 결과적으로 오히려 이보다 훨씬 더 파괴적인 일을 저지르고 있었는지도 모른다.

이 가르침은 아주 미묘한 형태의 교만을 내포한다. 바로 영적인 은사들이 우리에게 필요치 않다고 주장하는 교만이다. 우리는 하나님 나라를 가시적으로 드러낼 영적 능력을 절실히 필요로 하고 있다. 교회가 하나님의 권능을 드러내지 못한다면, 이 사회의 변화의 가능성을 과연 어디에서 찾아볼 수 있겠는가! 이 과정에서 영적 은사들은 매우 중요하다.

영적 은사들이 있어도 좋고, 없어도 좋다는 신화를 끊임없이 부추겨온 하나의 요인이 있다. 바로 '카리스마타'(Charismata)에 대한 부적절한 번역 때문이다. 대개 이 단어는 '영적인 은사'로 번역되어 왔다. '은사'(gift)라는 말을 들을 때, 많은 이들이 사소한 것 혹은 즐기기 위한 것을 떠올린다. 은사라는 말을 듣고 반드시 필요한 것이라는 느끼는 경우는 거의 없다. '카리스마타'에 대한 또 다른 좋은 번역으로 '영적 능력 부여' 혹은 '영적 권한 부여' 등이 있다. 실제로 확대역성경(Amplified Bible)에서 영적 은사들은 이 두 가지 의미로 사용되었다.

하나님이 영적 은사들을 주신 목적은 하나님 나라를 가시적으로 드러내시려는 데 있다. 이러한 사실만 잘 이해해도 영적 은사들에 대한 우리의 태도는 사뭇 달라진다. 영적 은사들은 결코 있어도 되고, 없어도 되는 것이 아니다. 지식의 말씀, 지혜의 말씀, 영 분별의 은사는 마치 군인에게 있어 총과 탄약, 수류탄과도 같다. 영적 은사들은 초자연적인 하나님의 계시와 능력을 나타내며 살아가라고 하나님께서 부여해 주신 능력이다.

바울의 신학

바울은 영적 은사들의 필요성을 잘 이해하고 있었다. 바울이 사역을 통해 얻은 모든 결실들은 사실상 영적 은사들 덕분이었다. 자연적이고 인간적인 능력에만 의존하던 순간에는 사역의 열매가 빈약했다. 반면 하나님을 의지하고 영적 은사들을 활용하기 시작했을 때, 바울의 사역은 매우 강력하고도 성공적이었다.

고린도전서 1장에서 바울은 다음과 같이 말한다.

> 그리스도 예수 안에서 너희에게 주신 하나님의 은혜로 말미암아 내가 너희를 위하여 항상 하나님께 감사하노니 이는 너희가 그 안에서 모든 일 곧 모든 언변과 모든 지식에 풍족하므로 그리스도의 증거가 너희 중에 견고하게 되어 너희가 모든 은사에 부족함이 없이 우리 주 예수 그리

스도의 나타나심을 기다림이라 (고전 1:4-7)

바울은 자신이 고린도 교회 성도들에게 복음을 전한 증거는 그들이 영적 은사들을 활용하며 살아가고 있다는 사실에서 찾아볼 수 있다고 말한다. 하나님의 권능을 나타내며 살아가는 고린도 교회 성도들의 삶 자체가 바울이 전파한 복음의 효율성을 반증해 주고 있었다. 그렇다면 과연 바울은 고린도 교인들에게 그리스도에 관하여 어떤 내용을 증거한 것일까?

> 형제들아 내가 너희에게 나아가 하나님의 증거를 전할 때에 말과 지혜의 아름다운 것으로 아니하였나니 내가 너희 중에서 예수 그리스도와 그가 십자가에 못 박히신 것 외에는 아무 것도 알지 아니하기로 작정하였음이라 내가 너희 가운데 거할 때에 약하고 두려워하고 심히 떨었노라 내 말과 내 전도함이 설득력 있는 지혜의 말로 하지 아니하고 다만 성령의 나타나심과 능력으로 하여 너희 믿음이 사람의 지혜에 있지 아니하고 다만 하나님의 능력에 있게 하려 하였노라 (고전 2:1-5)

바울은 인간적인 지혜의 말이 아닌 성령의 나타나심과 능력으로 그리스도를 증거했다. 이처럼 바울이 사역 방식을 바꾸기로 결심한 이유는, 고린도로 오기 직전 아덴에서 겪은 사역의 실패 때문이었다. 아덴에서 설교할 때, 바울은 자신의 지성과 능력에 의존하여 사람들을 설득하려 했다. 그러나 그 결과는 지극히 미진했다(행 17:22-18:1).

아덴에서의 사역을 통해 인간적인 지혜와 이해력이 별반 소용이 없음을 깨달은 바울은 이와 동일한 실수를 반복하지 않으리라 결심했다 (고전 2:1-5). 이제 바울은 단순명료하게 복음을 선포하며 영적 은사들을 통해 성령의 초자연적인 권능을 나타내 보이기 시작했다. 이는 마침내 고린도 교회의 탄생이라는 훌륭한 결실로 이어졌다.

지금 이 시대를 살아가는 우리도 바울과 같이 궤도수정을 해야 한다. 이제까지 수많은 서구사회의 교회들이 하나님의 능력보다는 웅변이나 지성주의를 더욱 중시해 왔다. 결과적으로 교회는 초자연적인 권능이 아닌 인간적인 지혜를 반영하는 간증들만 들려오는 곳이 되고 말았다. 그리스도의 몸 가운데 영적 은사들의 기능이 활성화된다면, 세상 사람들이 더 이상 해답을 찾기 위해 심리학자나 심령술을 찾아가는 것이 아니라 교회로 몰려오지 않겠는가! 성령의 은사는 제쳐 둔 채 오직 성령의 열매만을 좇는 것은 결코 바람직하지 않다. 우리의 삶은 이 두 가지 모두를 필요로 한다.

신화 2) 은사를 좇지 말고 은사를 주시는 하나님을 추구하라!

두 번째 신화는 첫 번째 신화와도 관련이 있다. 그것은 바로 영적 은사를 추구하지 말고 오직 하나님만 찾으라는 주장이다. 이러한 발상은 훌륭한 설교제목으로서는 안성맞춤일지 모르나 성경적으로는 옳지 않다. 우리는 하나님을 추구해야 한다. 동시에 영적 은사들도 사모해야 한다. 영적 은사들이 단순한 '선물'(gift)이 아니라는 점을 기억하라! 우리는 영적 은사들을 통해 하나님의 초자연적인 능력을 나타내 보임으로써 복음을 증거할 수 있다.

어떤 의미에서 하나님이 주신 은사들을 거절하는 것은 하나님 자신을 거절하는 것과 같다. 하나님이 왜 우리에게 영적 은사들을 주셨겠는가? 삶 속에서 하나님을 드러내며 살아가라는 뜻이 아니시겠는가?

> 주께서 높은 곳으로 오르시며 사로잡은 자들을 취하시고 선물들을 사람들에게서 받으시며 반역자들로부터도 받으시니 여호와 하나님이 그들과 함께 계시기 때문이로다 (시 68:18)

하나님이 우리에게 영적인 능력을 주신 데는 목적이 있다. 주님은 이를 통해 우리가 치유, 기적, 예언의 분야에서 하나님의 초자연적인 권능을 나타내기 원하신다. 교회와 세계는 하나님이 우리 가운데 알려지시고 거하게 되시기를 열망하고 있다. 하나님이 우리에게 주신 모든 영적인 능력들을 활용하지 않는다면, 우리는 결코 앞으로 다가올 위험천만한 시기를 이겨낼 수 없다. 또한 이 세상에서 우리에게 맡겨진 사명조차 제대로 성취하지 못할 것이다.

열렬히 갈망하다

바울이 고린도 교회에 보낸 첫 번째 편지를 생각해 보라. 바울은 고린도 교회 성도들이 모든 영적 은사들에 있어 부족함이 없다는 사실을 가장 먼저 언급한다(고전 1:7). 고린도전서 12장은 은사들이 무엇이며, 공적인 모임에서 은사들을 어떻게 활용해야 하는지에 대해 가르쳐 준다. 나아가 바울은 다음과 같이 말한다.

> 너희는 더욱 큰 은사를 사모하라 내가 또한 제일 좋은 길을 너희에게 보이리라 (고전 12:31)

본문의 중요성을 이해하기에 앞서, 먼저 바울이 고린도 교회에게 편지를 쓰게 된 배경을 살펴보자. 고린도 교회 성도들은 모일 때마다 모든 이들이 계시와 예언, 노래와 방언을 말할 만큼 영적 은사들을 잘 활용하고 있었다(고전 14:26). 그러나 종종 그 은사들이 교회의 덕을 세우는 일과는 전혀 무관한 방식으로 표현되었다. 사람들은 동시에 예언을 하기도 했고, 통역 없이 방언으로만 메시지를 전하는 일도 있었다. 은사를 사용하기는 했지만, 지혜와 질서가 결여되어 있었다.

성숙한 사도였던 바울은 교회 안의 질서를 바로잡기 위해 은사에 관하여 가르치기 시작했다. 그는 어떻게 해야 공적인 모임에서 은사를 조화롭게 활용할 수 있을지에 대해서도 가르쳤다. 바울은 단 한 번도 고린도 교인들에게 영적 은사들을 추구하지 말라거나 영적 은사들에 과도하게 집착해서는 안 된다고 말한 적이 없다. 오히려 이미 영적 은사들에 익숙해져 있는 고린도 교인들에게 은사들을 "사모하라"(earnestly covet)고 격려했다. '사모하라'에 해당하는 헬라어는 '열렬히 갈망하라'는 뜻을 포함하고 있다.

먼저 바울은 고린도 교인들에게 영적 은사들을 열렬히 갈망하라고 격려한다. 곧이어 적절한 은사 사용의 동기, 가장 균형 잡힌 은사 사용법에 관해 심오한 가르침을 시작한다. 해답은 사랑이었다. 이 본문을 둘러싸고 그동안 많은 사람들이 오해하였다. 본문을 마치 사랑을 추구하되, 영적인 능력을 받으려고 갈망해서는 안 된다는 취지로 해석한 것인데, 이는 잘못된 생각이다. 바울은 고린도 교인들에게 서로에 대한 사랑 안에서, 사랑에 기초하여 영적 은사들을 사용하라고 간곡히 부탁하였다.

사랑에 대한 가르침 직후 바울은 고린도 교인들에게 사랑을 따라 구하고 영적 은사들을 사모하되, 특별히 예언을 구하라고 촉구한다(고전 14:1). 우리는 사랑의 범주 안에서 영적인 능력을 열렬히 갈망해야 한다.

내가 야곱은 사랑하고

몇 년 전, 몇 명의 낯선 이들이 예언사역과 관련한 우리 교회의 명성을 듣고 찾아온 적이 있었다. 나는 이들로 인해 주님께 투덜거렸다. 그들은 하나님이 '우리를 본향으로 데려가시고' 우리의 사역 가운데 나타나는 능력을 자신들에게 주실 것이라고 말했다. 나는 주님께 그들의 처신이 매우 못마땅하다고 말씀드렸다. 그때 주님이 분명한 어조로 내게 말씀하셨다. "스티브, 나는 그렇지 않단다. 나는 그들이 품고 있는 마음을 좋아한다." 나는 주님의 말씀을 도저히 이해할 수 없었다. 그러자 주님은 다음의 성경구절을 생각나게 하셨다. "내가 야곱은 사랑하고 에서는 미워하였다"(롬 9:13).

하나님은 왜 야곱 같은 사람을 사랑하셨을까? 야곱은 형의 장자권을 탐낸 자였다. 성경적으로 볼 때, 장자권은 영적인 축복과 권위를 상징한다. 야곱은 영적인 축복과 권위를 너무나도 사모한 나머지, 가족을 속이는 일마저 불사했다!

야곱의 모습은 우리의 인간적인 신념, 즉 행동과 동기가 늘 합당해야 한다는 생각에 일침을 가한다. 야곱의 태도가 우리 눈에는 위협적으로 보일지 모르나, 하나님은 야곱이 가진 마음의 태도를 사랑하셨다. 주님은 그분의 능력과 임재, 권위를 갈망하여 기꺼이 무엇이든 할 태세를 갖추고 있는 사람을 좋아하신다. "내가 야곱은 사랑하고."

성경은 왜 "내가 이스라엘은 사랑하고"라고 기록하지 않았을까? 하나님은 '야곱'을 사랑하신다고 표현하셨다. 성품이 변화되기 이전의 '탐욕스럽고 남을 잘 속이는 자'라는 뜻의 야곱이라는 이름을 그대로 사용하신다. 우리는 야곱처럼 극단적이고 과도한 방법으로 하나님의 능력과 권위를 사모하는 사람들을 판단하고 싶어 할 수도 있다. 그러나 주님은 이런 자들을 사랑하신다. 인간적으로는 의로워 보이지만, 정작 영적인 일에는 무관심한 에서 같은 사람보다 말이다.

성경은 하나님이 야곱을 사랑하셨다는 표현에 그치지 않고, 에서를 미워하신다고도 말한다. 이 본문은 하나님이 누군가를 미워하신다고 언급하고 있는 유일한 구절이다. 에서는 자연적인 영역에 온통 마음을 빼앗긴 채 영적인 일들은 경멸했다. 인간의 합리적인 이성의 기준에서는 보수적이고 균형 있고 적절함을 유지하는 사람이 훨씬 더 좋은 평가를 받는다. 그러나 하나님의 기준은 인간의 것과는 다르다. 하나님은 그분의 능력과 임재와 축복에 무관심하고 이를 멸시하는 자들을 미워하신다.

인간을 창조하신 이래, 하나님은 계속해서 그분의 성품과 영광과 능력을 인간과 함께 공유하기 원하셨다. 이것이야말로 하나님이 품으신 최초의 의도였다. 하나님은 그분의 능력과 임재, 기름부음과 권세, 축복에 대해 목말라하고 갈망하는 자들, 하나님으로부터 이것들을 받으려고 간절히 애쓰는 자들을 찾고 계셨다. 그러나 수많은 세대들이 이제껏 에서와 같은 태도로 살아 왔다. 하나님의 축복의 부요함을 하찮게 여기고 일시적인 것들에만 마음을 고정시키며 지내 왔다. 이로써 수많은 이들이 하나님의 영광과 능력을 드러낼 기회를 상실해 버리고 말았다.

당신은 진정 주님이 우리 모두를 위해 준비해 놓으신 온갖 것들을 소유하는 자가 되기 원하는가? 그렇다면 야곱과 같은 자세를 취하라! 하나님은 야곱의 경우처럼 우리의 인격상의 문제들도 그대로 드러내시고 다루어 주실 것이다. 주님이 우리를 위해 마련해 놓으신 영적인 권세와 축복들을 힘써 추구하라. 이러한 영적인 축복들 중에는 하나님의 초자연적 권능을 나타내라고 주시는 영적인 능력들도 포함된다.

신화 3) 영적 은사들을 추구하는 것은 이기적인 모습이다!

'은사를 주시는 하나님을 추구하라'는 가르침에 숨어 있는 또 하나의 측면이 있다. 그것은 바로 영적 은사들에 대한 갈망이 이기적이라는 생각이다. 물론 이면에 수상쩍은 동기를 가지고 있는 사람들이 있을 수는 있다. 그러나 하나님이 영적 은사를 주신 것은 우리로 하여금 남을 섬기게 하시기 위함이다. 이런 의미에서 이 세 번째 신화는 잘못된 것이다.

남을 섬기는 모습은 결코 이기적인 것이 아니다. 남을 섬기는 것이야말로 사역의 본질이다. 간혹 순수하지 못한 동기를 가지고 사역에 임하는 사람들이 있을지도 모른다. 그러나 몇몇 소수가 품는 불순한 동기들에 일일이 반응할 필요는 없다. 그리고 영적 은사들에 대한 갈망을 인정의 욕구와 동일시하여 가르쳐서도 안 된다.

의심스러운 동기를 가지고 사역에 임하는 자들에 대해 바울은 다음과 같이 언급하였다.

> 어떤 이들은 투기와 분쟁으로, 어떤 이들은 착한 뜻으로 그리스도를 전파하나니 … 그들은 나의 매임에 괴로움을 더하게 할 줄로 생각하여 순수하지 못하게 다툼으로 그리스도를 전파하느니라 그러면 무엇이냐 겉치레로 하나 참으로 하나 무슨 방도로 하든지 전파되는 것은 그리스도니 이로써 내가 기뻐하고 또한 기뻐하리라 (빌 1:15, 17-18)

이기적인 야망과 시기와 질투를 품고 사역하는 자들에게 바울이 무조건 부정적인 태도를 취한 것은 아니었다. 오히려 바울은 복음이 전파되고 있다는 사실 하나만으로도 기뻐했다. 우리도 마찬가지이다. 하나님을 추구하고 영적 은사들을 사모하는 자들에 대해 기뻐할 줄 알아야 한다. 지금처럼 교회가 자기중심적이고 일시적인 것에만 관심을 두는 라오디게아 교회의 특성을 나타내는 시대에는 더욱 그렇다.

바울은 영적 은사들을 갈망하는 고린도 교인들에 대해 한 번도 질책한 적이 없다. 다만 그들에게 영적 은사들을 열렬히 사모하라고 간곡히 부탁했다. 바울은 고린도 교회 안에 질서를 잡기 위해 사랑으로 영적 은사들을 활용할 것과 어떻게 해야 공적인 모임에서 은사들을 질서 있게 사용할 수 있는지 상세히 설명해 주었다. 바울은 영적 은사들을 사모하는 것에 대해 그 누구도 꾸짖은 적이 없었다. 우리 또한 바울과 같은 입장을 취해야 하지 않겠는가?

신화 4) 영적 은사들을 구하면 귀신의 속임수에 빠질 수 있다!

어떤 이들은 사람이 하나님께 꿈이나 환상, 말씀을 구하다가 귀신이 주는 환상이나 사단의 계시를 받을 수도 있다고 가르쳐 왔다. 이러한 가르침으로 인해 수많은 사람들이 하나님께 영적 은사들을 구하는 일에 방해를 받았다. 심지어 몇몇 교회들에서는 이러한 가르침이 오랫동안 타당한 진리로 수용되었다.

나는 컨퍼런스에서 메시지를 전하게 될 때마다 사람들에게 한 가지 질문을 던진다. 네 번째 신화에 관해 들어 보았거나 실제로 이를 신봉하고 있는 사람들이 얼마나 되는지 알아보기 위해서이다. 대략 25~50%에 해당하는 사람들이 이런 가르침을 받아들였다고 인정했다. 그러나 이 가르침은 성경과는 전혀 무관하다. 성경적 기초가 결여되어 있을 뿐 아니라, 복음서에 나타난 예수님의 가르침과도 상반된다.

> 또 이르시되 너희 중에 누가 벗이 있는데 밤중에 그에게 가서 말하기를 벗이여 떡 세 덩이를 내게 꾸어 달라 내 벗이 여행중에 내게 왔으나 내가 먹일 것이 없노라 하면 그가 안에서 대답하여 이르되 나를 괴롭게 하지 말라 문이 이미 닫혔고 아이들이 나와 함께 침실에 누웠으니 일어나 네게 줄 수가 없노라 하겠느냐 내가 너희에게 말하노니 비록 벗 됨으로 인하여서는 일어나서 주지 아니할지라도 그 간청함을 인하여 일어나 그 요구대로 주리라 내가 또 너희에게 이르노니 구하라 그러면 너희에게 주실 것이요 찾으라 그러면 찾아낼 것이요 문을 두드리라 그러면 너희에게 열릴 것이니 구하는 이마다 받을 것이요 찾는 이는 찾아낼 것이요 두드리는 이에게 열릴 것이니라 너희 중에 아버지 된 자로서 누가 아들이 생선을 달라 하는데 생선 대신에 뱀을 주며 알을 달라 하는데 전갈을 주겠느냐 너희가 악할지라도 좋은 것을 자식에게 줄 줄 알거든 하물며 너희 하늘 아버지께서 구하는 자에게 성령을 주시지 않겠느냐 하시니라 (눅 11:5-13)

본문의 비유는 여행 도중 찾아온 벗에게 줄 떡을 구하기 위해 친구를 찾아간 한 남자에 관한 이야기이다. 예수님은 밤중에 찾아온 친구에게 떡을 주는 것은 친구관계 때문이 아니라 친구가 마구 졸라댔기 때문이라고 말씀하신다. 주님은 그가 친구가 필요한 만큼 떡을 주었다고 하셨다. 본문을 깊이 묵상하는 가운데 나는 한 가지 깨달음을 얻었다.

본문은 오늘날 하나님의 말씀을 필요로 하는 자들에게 '예언적인 메시지'를 주기 위해 그것을 구하는 우리의 모습을 잘 묘사해 준다.

우리는 인생길에서 삶의 여정에서 들어야 할 하나님의 음성을 절박하게 필요로 하는 무수한 사람들을 만난다. 우리가 가진 인간적인 지혜로는 결단코 그들의 필요를 채워 줄 수 없다. 이때 만일 우리가 친구(예수님)에게 가서 여행 중에 찾아온 사람에게 줄 떡(지식의 말씀, 지혜의 말씀, 예언적 통찰)을 달라고 요청한다면, 주님은 우리를 찾아온 사람에게(그들을 사역하는 데) 필요한 분량에 따라 우리에게 공급해 주신다.

네 번째 신화는 다른 이를 돕기 위해 하나님의 말씀을 구할 때, 우리에게 손해가 되거나 해가 되는 것을 받지 않도록 주의해야 한다고 가르친다. 그러나 본문을 통해 주님은 이러한 잘못된 신화를 불식시키신다. 보다 명료한 설명을 위해 주님은 귀신의 역사로 볼 수 있는 상징적인 표현들을 사용하신다. 주님은 떡이나 생선, 달걀(사람을 양육시키고 먹이는 데 필요한 것들)을 구한 자가 돌이나 뱀, 전갈(귀신의 역사로 인한 것들)을 받는 일은 없을 것이라고 말씀하신다.

주님은 다른 사람에게 전해 줄 말씀을 받기 위해 계속해서 구하고 찾고 두드리라고 말씀하신다. 이들에게 주님이 귀신에게서 온 것을 주실 까닭이 무엇이겠는가? 주님은 결코 그런 분이 아니시다. 우리도 자식들에게 좋은 '선물'(gifts)을 줄 줄 알지 않는가? 하나님이 우리보다 의롭지 못한 분으로 보이는가? 주님은 완전한 아버지이시다. 주님은 다른 이들을 섬기는 데 필요한 능력과 재능을 구하라고 우리를 격려하신다.

우리는 하늘 아버지의 선하심을 신뢰해도 된다. 예수님은 성령과 성령의 은사를 구할 때 결코 악한 것을 받는 일은 없을 것이라고 약속하셨다. 주님은 좋은 은사들을 구하는 자에게 어떻게 은사를 주어야 하는지를 잘 알고 계신다.

신화 5) 특정 소수의 사람만이 예언사역에 부름 받았다!

바울은 고린도 교인들에게 보낸 편지에서 이 문제를 분명하게 다루었다.

> 너희는 다 모든 사람으로 배우게 하고 모든 사람으로 권면을 받게 하기 위하여 하나씩 하나씩 예언할 수 있느니라 (고전 14:31)

바울은 모든 사람이 예언할 수 있다고 말한다. 예수님도 말씀하지 않으셨는가? 하나님께 속한 양은 하나님의 음성을 듣는다고 말이다. 앞에서도 이미 언급한 대로 예언의 가장 기본적인 형태는 누군가에 관해 하나님이 말씀하시는 바를 듣고 이를 당사자에게 전해 주는 것이다. 만일 모든 신자가 하나님의 음성을 들을 수 있다면, 이는 누구나 다 예언할 수 있음을 의미한다.

당신은 거듭난 신자인가? 그렇다면 당신도 예언할 수 있다. 다만 하나님의 음성에 대한 민감성과 이해력은 계속해서 증진시켜 나가야 한다. 당신은 이미 예언의 능력, 예언할 수 있는 잠재력을 가지고 있다. 예언은 결코 특별한 소수에게만 제한된 것이 아니다.

사실 이 말씀을 진리로 받아들이고 지적으로 동의하는 일은 누구나 할 수 있다. 그러나 이를 진정으로 믿게 되기는 그리 쉽지 않다. 일반적으로 우리는 영적 은사를 능숙하게 발휘하는 사람에게 특별한 위상을 부여하고 싶어 한다. 우리 눈에 이들은 특별한 사람으로 보인다. 영적인 문제에 관한 한 뭔가 특별한 일을 할 수 있는 사람으로 보이기 때문이다. 그러나 정작 우리 자신도 이런 일에 하나님의 도구로 쓰임 받을 수 있다는 사실은 잘 받아들이지 못한다. 우리 자신도 이미 '특별한' 범주에 속해 있다는 사실을 믿지 못한다.

하나님은 결코 특별한 사람, 은사를 가진 사람만을 선택하는 분이 아니시다. 오히려 그와 정반대이시다. 하나님의 부르심을 받은 대부분의 사람들과 관련하여 바울은 다음과 같이 언급하고 있다.

> 그런즉 형제들아 어찌할까 너희가 모일 때에 각각 찬송시도 있으며 가르치는 말씀도 있으며 계시도 있으며 방언도 있으며 통역함도 있나니 모든 것을 덕을 세우기 위하여 하라 만일 누가 방언으로 말하거든 두 사람이나 많아야 세 사람이 차례를 따라 하고 한 사람이 통역할 것이요 만일 통역하는 자가 없으면 교회에서는 잠잠하고 자기와 하나님께 말할 것이요 예언하는 자는 둘이나 셋이나 말하고 다른 이들은 분별할 것이요 만일 곁에 앉아 있는 다른 이에게 계시가 있으면 먼저 하던 자는 잠잠할지니라 (고전 14:26-30)

만일 이제까지 지속적으로 예언사역을 해온 사람이 있다면, 이는 그가 하나님께 받은 은사를 끊임없이 개발해 왔다는 사실을 반증해 줄 뿐이다. 당신은 아직도 예언의 능력을 예언하는 사람의 선천적인 특성으로만 돌리려 하는가? 그렇다면 여전히 당신은 하나님보다 육체를 더욱 신뢰하는 사람이다. 육체를 신뢰한다는 것은 사람의 능력을 신봉한다는 뜻이다. 그 능력이 내 안에 있는 것이든, 타인 안에 있는 것이든 상관없이 말이다.

누군가가 영적인 은사를 능숙하게 발휘하기 시작한다면, 우리는 그를 특별한 사람 혹은 선천적으로 특별한 자질을 타고난 사람이라고 생각해서는 안 된다. 그들에게 그런 은사를 주신 분은 하나님이시다. 이러한 사실은 우리에게 큰 용기와 격려가 된다. 이 점을 잘 이해할 때, 우리도 하나님께 쓰임 받을 수 있다는 확신을 갖게 된다.

외양간 원리

대개 이러한 가르침들 이면에 작동하고 있는 일반적인 원리가 있다. 그것은 바로 실수를 싫어하는 마음, 그리고 하나님의 방식에 대한 오해이다. 우리는 대부분 질서와 단정함을 좋아한다. 반면에 하나님은 생명을 좋아하신다. 생명은 대체로 그다지 질서정연하지만은 않다. 나는 아내가 아이를 출산할 때마다 매번 옆에서 거들어 주곤 했다. 이 경험을 통해 나는 생명이 시작되는 시점은 으레 엉망진창이라는 사실을 확신하게 되었다.

그동안 우리는 영적인 일들이 가진 유기적인 성격에 대해 무지한 채 살아 왔다. 교회가 하나님이 주신 많은 것들에 대해 오해하며 지내온 것도 바로 이런 이유 때문이다. "소가 없으면 구유는 깨끗하려니와 소의 힘으로 얻는 것이 많으니라"(잠 14:4).

교회의 부흥을 진정으로 원한다면, 반드시 대가를 치러야 한다. 하나님 나라의 확장을 위한 대가가 무엇인가? 바로 지저분한 외양간이다. 그 외에 달리 길이 없다. 우리의 초점이 바뀌어야 한다. 질서를 존중하는 마음에서 생명을 존중하는 마음으로 변화되어야 한다. 하나님의 방식이 무엇인지 새롭게 발견하기 시작해야 한다. 주님의 사역에 함께 동참해야 한다. 더 이상 반발심으로 인해 걸림돌들을 만들어 내는 일은 없어야 한다.

안전제일주의의 위험성

신앙생활을 주님의 원래 의도보다 수월하게 해보려는 노력은 자체적으로 위험성을 내포한다. 만일 우리가 나머지 다수의 안전을 위한다는 명목으로 몇몇 소수에 의한 실수나 극단주의에 지나치게 초점을 맞춘다면 어떻게 될까? 결국 우리가 공식화한 가르침들은 오히려 사람들을 더욱 기괴하고 엉뚱한 모습으로 만들어 버리고 말 것이다. 극단을 피하기 위해 만들어진 가르침에만 귀 기울이는 자는 오히려 자기 자신이 극단적인 사람으로 변하고 만다. 너무 조심스럽거나 실수를 지나치게 두려워하게 되는 것이다. 이는 신앙생활에서 요구되는 믿음과는 전혀 상반된다.

누구나 언제든 실수하기 마련이다. 초대교회의 위대한 지도자들조차 실수했다. 이들 중에는 예수님의 제자들도 있었다. 오늘날 주님은 타락한 인간들을 도구로 사용하신다. 사람들에게서 실수와 허물이 발견되는 것은 자연스러운 일이다. 이러한 안목을 상실하고 계속해서 반동적인 가르침만 따르는 사람은 결국 하나님의 섭리가 이루어지지 못하도록 장애물을 만듦으로써 최악의 실수를 범하게 된다.

실수에 대해 과도하게 반응해서도 안 되지만, 그렇다고 실수 자체를 무시해서도 안 된다. 우리는 실수를 통해 배워야 한다. 그리고 성숙을 향해 지속적으로 자라가야 한다. 외관상 균형 잡힌 듯 보이나 실상은 하나님과는 반대되고 하나님의 뜻과는 거리가 먼 가르침을 퍼뜨리지 말자. 하나님의 길은 인간의 길과는 다르며, 하나님의 생각은 인간의 생각과 다르다(사 55:8).

용기를 내라

신앙생활 초기에 나는 반동적인 성향이 꽤 강했다. 사실 나는 앞에서 언급한 다섯 가지 신화를 모두 신봉했다. 심지어 이를 가르치기조차 했다. 그러다가 결국은 이것들이 하나님의 방식과는 전혀 거리가 멀다는 사실을 깨달았다. 주님은 나의 인식을 변화시켜 주셨다. 인식이 변화되자, 나는 이전과는 전혀 다른 내용을 가르치게 되었다. 그 결과는 놀라웠다.

지난 4년 동안 우리는 수천 명의 사람들이 약간의 훈련과정만으로도 정확한 예언사역에 착수하는 모습을 지켜보았다. 사실 이들은 이전까지 한 번도 예언사역을 해본 적이 없었다. 대부분의 크리스천들이 이미 하나님의 음성을 듣고는 있었지만, 제대로 된 가르침을 받지 못한 데다 여러 반동적인 교훈들로 인해 방해를 받아 왔다. 이제까지 이들을 묶고 있던 거짓을 순전한 성경적 진리로 제거해낸 순간, 수많은 사람들이 자유를 얻었다. 우리는 이들에게 하나님이 각 개인들에게 말씀하시는 방식에 관하여 기본적인 사항을 가르쳤다. 각자에게 있는 영적인 은사들을 사용하여 직접 다른 이에게 사역해 볼 기회도 부여해 주었다. 사역의 성경적인 척도에 관해서도 가르쳤다. 이는 사역자와 피사역자 모두에게 안전한 환경을 제공해 주기 위함이었다.

오랫동안 묶고 있던 반동적인 가르침의 해악에서 해방되자, 사역은 상상조차 할 수 없을 정도로 강력하게 이루어지기 시작했다. 그동안 수천 명의 사람들이 짧은 예언사역을 통해 받은 메시지로 인생이 바뀌었다는 간증을 우리에게 전해 왔다. 눈에 띄는 몇몇 실수와 허물들은 예언사역을 통해 얻은 결실에 비하면 사실상 아무것도 아니다. 하나님의 방식은 언제나 인간의 방식보다 탁월하다.

온갖 인위적인 속박에서 헤어 나와 주님과 함께 멍에를 메고 사역하자. 우리를 묶고 있던 거짓에서 벗어날 때, 우리는 비로소 하나님이 어떤 분이신지를 배워가는 가운데 놀라운 방법으로 쓰임 받기 시작할 것이다.

주님은 우리에게 그분의 성품과 능력을 계시해 주셨다. 우리를 주님의 방식과 시간에 맞추어 가장 잘 인도해 주실 분도 바로 주님이시다.

Chapter 3

하나님은 어떻게 말씀하시는가?

하나님은 종종 낯설고 이상한 방법으로 우리에게 말씀하신다. 많은 사람들이 하나님의 음성을 깨닫지 못하는 가장 큰 이유가 바로 여기에 있다. 하나님이 어떻게 말씀하시는지를 살펴보기에 앞서 하나님이 창조주이심을 기억하자. 하나님의 창조성은 그분의 다양한 의사소통 방식을 통해 표현된다. 또한 하나님의 음성이 실제로 귀로 들을 수 있는 '목소리'인 경우는 거의 드물다는 점을 염두에 두기 바란다.

하나님의 음성

요한복음 1장 1절은 예수님을 '하나님의 말씀'(Word of God)이라고 표현한다. 신학적인 의미를 배제하면, 적어도 이 표현에서 우리는 하나님이 소통하시는 분임을 알게 된다. 하나님은 '말씀'이시다. 만물은 하나님의 입의 말씀으로 창조되었다(창 1장, 히 1:2). 아담과 하와는 에덴동산에서 날이 서늘할 때 '하나님이 거니시는 소리'를 들었다(창 3:8). 하나님은 최초의 두 남녀와 교제하기를 원하셨다.

의사소통은 하나님이 지니신 가장 근본적인 성품이다. 이와 동일하게 모든 신자들이 가진 가장 근본적인 성품이 바로 하나님의 음성을 듣는 능력이다. 당신은 크리스천인가? 그렇다면 이미 당신은 하나님의 음성을 들었다. 하나님 아버지께서 이끌지 않으셨다면, 당신은 결코 예수님께로 올 수 없었다. 주님께 이끌리기 위해 틀림없이 당신은 '하나님의 음성을 들어야' 했다. 물론 예수님이 하나님의 아들이시라는 사실을 육성으로 듣지는 않았을 것이다. 그러나 어찌됐든 당신은 복음이 진리임을 깨달았다. 본질적으로 당신은 하나님 아버지께 이끌림을 받았기 때문에 하나님의 아들에게 올 수 있었다.

> 나를 보내신 아버지께서 이끌지 아니하시면 아무도 내게 올 수 없으니 오는 그를 내가 마지막 날에 다시 살리리라 선지자의 글에 그들이 다 하나님의 가르치심을 받으리라 기록되었은즉 아버지께 듣고 배운 사람마다 내게로 오느니라 (요 6:44-45)

예언훈련 세미나를 인도할 때마다 나는 매번 청중들 중 하나님의 음성을 지속적으로 듣고 있는 사람이 얼마나 되는지를 헤아려 보곤 한다. 대략 10%가량이 지속적으로 하나님의 음성을 듣고 있다며 손을 든다. 그리고 컨퍼런스를 마칠 무렵이면 거의 모든 이들이 이제까지 하나님이 자신에게 계속 말씀하고 계셨다는 사실을 깨닫는다. 다만 당사자가 이를 모르고 있었을 뿐이다.

　당신으로 하여금 하나님이 어떻게 말씀하시는지를 알게 해주는 것이 이번 장의 목적이다. 당신은 하나님이 다른 사람을 위해 당신에게 말씀을 주시는 순간을 알아차릴 수 있게 될 것이다. 이 책은 하나님으로부터 개인적인 지도를 받는 방법론에 관한 것이 아니다. 이 책의 목적은 예언적인 기능, 다시 말해 다른 사람들을 위해 하나님의 음성을 듣고 이를 당사자에게 전달해 주도록 당신을 훈련시키는 데 있다.

하나님이 말씀하시는 다양한 방법과 수단

　하나님이 말씀하시는 이유는 매우 다양하다. 말씀하시는 방법도 우리의 예상을 초월한다. 이 점에 관해서는 나중에 다시 살펴볼 것이다. 우선은 하나님이 말씀하시는 다양한 방법을 이해해야 한다.

> 이르시되 내 말을 들으라 너희 중에 선지자가 있으면 나 여호와가 환상으로 나를 그에게 알리기도 하고 꿈으로 그와 말하기도 하거니와 내 종 모세와는 그렇지 아니하니 그는 내 온 집에 충성함이라 그와는 내가 대면하여 명백히 말하고 은밀한 말로 하지 아니하며 그는 또 여호와의 형상을 보거늘 너희가 어찌하여 내 종 모세 비방하기를 두려워하지 아니하느냐 (민 12:6-8)

　욥기 33장 14-17절은 하나님이 말씀하시는 다양한 방법들을 말해 주고 있다. 꿈, 환상, 은밀한 말 등은 하나님이 사용하시는 가장 기본적인 방법들이다. 여기서 말하는 '은밀한 말'이란 수수께끼 혹은 퀴즈를 뜻한다. 하나님이 종종 우리에게 수수께끼나 비유를 사용하시는 데는 이유가 있다. 하나님은 우리가 그분의 말씀의 의미를 탐구해 보기 원하신다.

이 책 1장에서 우리는 '예언적 은사들'로 불리는 영적 은사들에 관해 살펴보았다. 그리고 이번 장에서는 지식의 말씀, 지혜의 말씀, 영 분별 등 하나님이 예언을 주시는 다양한 방법들을 살펴보려고 한다. 이와 관련하여 예언적 계시에는 매우 다양한 차원이 존재한다는 사실을 염두에 두기 바란다.

계시의 차원들

계시에는 높은 차원에 속한 것도 있고 낮은 차원에 속한 것도 있다. 계시의 차원이 왜 이토록 다양한지에 관해서는 예언의 관리에 관한 내용을 다룰 때 다시 살펴볼 것이다. 여기서는 계시에 다양한 차원들이 있다는 사실만을 확인하고 지나가자.

낮은 차원의 계시에는 정신적 느낌 혹은 영적인 느낌(impression), 지각, 조용한 내적 환상, 나아가 우리 영이 지각하는 매우 세미한 하나님의 음성 등이 있다. 이것들은 비록 낮은 차원의 계시이긴 하지만, 모두 계시의 형태로서 타당한 것들이다.

보다 높은 차원의 계시에는 열린 환상, 천사의 방문, 주님의 방문, 생생한 꿈, 황홀경(trance, 입신), 영으로 끌어올려짐, 기타 예언적 경험 등이 있다. 일반적으로 주관성이 낮은 계시일수록 보다 더 높은 차원에 속한 계시이다.

예언적 영감 1

영감은 가장 단순한 형태의 예언적 계시이다. 거의 대부분의 크리스천들은 영감을 통해 하나님의 음성을 듣는다. 그러나 일반적으로 교회는 계시의 은사에 관해 무지하다. 이로 인해 사람들은 하나님이 영감을 주셨다는 사실조차 인식하지 못한 채 이를 어쩌다가 우연히 든 생각으로 무시해 버릴 때가 많다.

때때로 이전에 전혀 본 적이 없거나 수년간 한 번도 소식을 듣지 못했던 사람이 어느 날 갑자기 생각날 때가 있다. 그리고 그날 혹은 그 주간에 그 사람과 우연히 마주칠 때도 있다. 이는 대부분의 사람들이 흔히 겪는 경험이다. 일상생활 중 문득 친구나 지인에게 무엇을 해주어야 할 것만 같은 '스쳐 지나가는 생각'이 들 때도 있다. 나중에야 그들은 이전에 스쳐 지나갔던 생각이 실제로는 정확한 통찰이었음을 확인하게 된다.

사람들이 우연한 생각으로 여기는 것들이 사실상 하나님으로부터 온 매우 분명한 예언적 영감들인 경우가 많다. 당신이 이러한 영감들을 하나님이 주신 것으로 인식하기 시작할 때, 무슨 일이 일어날까? 이제 당신은 주님이 만지기 원하시는 사람들에게 주님의 메시지를 전달하는 도구가 될 것이다.

최근의 사례

어느 날 차를 운전하여 약속장소로 향하고 있었다. 나는 특별히 이렇다 할 생각을 하고 있지 않았다. 그런데 문득 한 생각이 머리를 스치고 지나갔다. '지금은 빌이 직장을 그만두고 사우스캐롤라이나에 있는 교회에서 전임목회를 해야 할 때야.' 나는 그때까지 빌에 관한 생각을 전혀 해본 적이 없던 터라 그 '스쳐 지나가는 생각'이 하나님이 주신 영감임을 깨달았다. 나는 즉시 일정표에 메모를 해두었다. 사무실에 돌아가자마자 빌에게 전화하기 위해서였다.

사무실에 도착하니 빌에게서 전화가 걸려와 있었다. 빌이 나에게 전화를 건 시점은 내가 영감을 받은 순간과 정확히 일치했다. 빌에게 전화했을 때, 그의 첫 마디는 다음과 같았다. "제가 직장을 그만두고 이 교회에서 전임으로 목회사역을 해야 할까요?" 나는 그날 내가 받은 영감과 그것을 받은 타이밍에 대해 그에게 이야기해 주었다. 빌은 곧 직장을 그만두고 전임목회 사역을 시작했다. 이 결정은 현재 빌의 인생과 그가 섬기는 교회에서 매우 귀중한 결실로 맺어지고 있다.

단순한 느낌 혹은 스쳐 지나간 생각이 당시 빌에게 필요했던 하나님의 응답이었다. 나를 통해 메시지를 받은 그는 자신의 선택이 하나님의 뜻과 타이밍에 일치한다는 확신을 얻었다. 새로운 변화를 향해 새롭게 발걸음을 내딛을 때 수반되는 여러 어려움들을 인내하기 위해, 그에게는 이러한 확신이 반드시 필요했다.

하찮아 보이는 예언적 계시의 가치를 결코 과소평가하지 말라. 하나님은 우리 주변의 사람들을 격려하고 세우고 위로해 주기 원하신다.

하나님이 말씀하시는 다양한 방법들을 이해하고 깨달을 때, 주님은 이제껏 상상치도 못한 방법으로 우리를 사용하실 것이다.

영감에 관한 성경적인 사례

성경에는 영감 수준의 계시에 해당하는 몇 가지 강력한 사례들이 등장한다. 사도행전 14장 9절에서 바울은 나면서부터 걷지 못하는 사람을 만난다. 바울은 그 사람 안에 치유에 대한 믿음이 있음을 감지했다. 바울이 자신이 받은 영감에 그대로 순종하는 순간, 걷지 못하는 자는 극적인 치유를 경험하게 되었다. 바울이 받은 계시는 귀에 생생하게 울리는 목소리나 환상과 같은 높은 차원의 것이 아니었다. 그것은 아주 단순한 감지 혹은 영감에 불과했다!

또 다른 사례가 있다. 재판을 받으러 로마로 호송되어 가는 도중 바울은 한 예언적 영감을 받았다. "여러분이여 내가 보니 이번 항해가 하물과 배만 아니라 우리 생명에도 타격과 많은 손해를 끼치리라"(행 27:10). 이후에 주님은 보다 분명하게 바울에게 말씀하셨다. 배 안에 있는 자가 모두 안전할 것이라는 지혜의 말씀 이외에도, 앞으로 일어날 일에 관한 보다 높은 차원의 계시를 주셨다(행 27:22-25).

대부분의 사람들에게 영감(impression)은 예언적 계시의 입문에 해당한다. 입문에 해당한다고 해서 그것이 결코 덜 중요하다는 뜻은 아니다. 성숙한 사도였던 바울도 예언적 영감을 통해 사역 전반에 걸쳐 지속적으로 하나님의 도우심과 통찰을 얻었다. 오늘날 수많은 노련한 예언사역자들이 계속해서 영감 차원의 계시를 받고 있다. 물론 그들은 이

보다 훨씬 높은 차원의 계시도 빈번하게 받고 있다.

예언적 영감 2

생각 혹은 영이 지각하는 영감 외에, 하나님은 신체의 느낌을 통해서도 말씀하신다. 이는 많은 사람들이 치유를 위한 지식의 말씀을 받는 통로이기도 하다. 하나님은 다른 사람의 상처와 질병을 드러내기 위해 종종 우리 몸의 느낌이나 지각을 사용하신다. 누군가를 위해 기도해 주는 동안 몸에 이상한 감각이 느껴지는 경우가 있는데, 기도하기 전에는 전혀 느끼지 못했던 것이−[다. 이는 주님이 치유를 필요로 하는 사람의 구체적인 상태를 우리에게 알려 주시는 것이다. 이때 우리는 이 지식의 말씀을 당사자에게 말해 준다. 그리고 그들의 믿음이 고양되었을 때, 치유사역을 행할 수 있다.

한번은 비키가 한 여성을 위해 기도하던 중 갑자기 손에 통증이 느껴지기 시작했다. 비키는 그녀에게 혹시 손의 통증으로 고생하고 있느냐고 물어보았다. 그녀는 손이 무척 아프다고 대답했다. 그들은 치유를 위해 합심하여 기도하였고, 그녀의 환부는 즉시 나았다.

말라도 몸으로 어떤 느낌을 받았다. 그녀의 경우는 일상생활을 하던 중 그녀의 사역을 통해 권능이 나타났다. 어느 날 그녀가 업무상 어떤 곳을 향해 걸어 들어가던 중 갑자기 오른쪽 팔뚝 부위에 뜨거운 감각이 느껴졌다. 그녀는 사람들에게 혹시 오른쪽 팔뚝 안쪽에 통증을 느끼고 있는 이가 있는지 물어보았다. 그 말을 들은 한 젊은 여성이 자신의 오른쪽 소매를 걷어 올렸다.

그녀는 이틀 전에 말라가 뜨거움을 느낀 곳과 정확히 일치하는 부위에 화상을 입었다고 했다. 그들은 함께 기도했고, 주님은 그녀의 모든 통증을 깨끗이 치유해 주셨다. 사무실 사람들이 모두 지켜보는 가운데 기적적으로 그녀의 화상 부위에 새살이 돋기 시작했다.

이상은 지난 5년 동안 우리 예언팀이 경험한 수천 건의 사례 중 단 두 가지 예에 불과하다. 누군가와 관련하여 우리가 몸으로 무언가를 느끼는 것은 치유를 위한 지식의 말씀을 받는 가장 중요한 방법이다. 어느 집회에서는 이런 식으로 받은 지식의 말씀 한 마디를 통해 약 50명 가량의 안과 계통 질환을 앓던 이들이 동시에 치유를 경험하기도 했다.

예수님도 이런 방식으로 하나님 아버지로부터 통찰을 얻으셨다. 누가복음에는 마을을 지나가시는 예수님을 만지려는 사람들이 북새통을 이루는 장면이 소개되고 있다. 이들 무리 중에 혈루증을 앓는 여인이 있었다. 그녀는 예수님을 만지기만 하면 자기의 병이 나을 거라고 확신했다. 마침내 그녀는 무리들 사이로 밀치고 들어가 예수님께 손을 댔다. 이 사실을 아신 주님은 즉시 이렇게 말씀하셨다.

> 예수께서 이르시되 내게 손을 댄 자가 누구냐 하시니 다 아니라 할 때에 베드로가 이르되 주여 무리가 밀려들어 미나이다 예수께서 이르시되 내게 손을 댄 자가 있도다 이는 내게서 능력이 나간 줄 앎이로다 하신대
> (눅 8:45-46)

본문에서 '앎이로다'에 해당하는 단어는 '느낌으로 알다'라는 뜻을 가지고 있다. 능력이 빠져나간 것을 몸으로 느끼신 예수님은 누군가가 자신을 만졌음을 아셨다. 다만 누가 만졌는지는 모르셨다는 사실이 매우 흥미롭다. 이는 우리도 마찬가지이다. 우리는 앞으로 일어날 일에 관하여 명료한 영감을 받을 때가 많이 있다. 이때 앞에서 언급한 말라처럼 우리도 반드시 믿음을 동원하여 아픈 자가 누구인지 물어보아야 한다. 우리는 부분적으로 알고, 부분적으로 예언한다.

예언적 영감 3

하나님은 감정(emotion)으로 느끼는 영감을 통해서도 말씀하신다. 다른 영감들이 특성상 정보를 주는 것이라면, 감정으로 느껴지는 영감은 훨씬 더 감정적이거나 '느낌에 기반을 두고' 있다. 물론 우리의 느낌이 실제를 정확하게 나타내지 못할 경우가 많다. 그러나 우리의 감정을 만드신 하나님께서는 감정을 통해서도 말씀하실 수 있다.

하나님은 다른 사람이 겪고 있는 일들을 우리의 혼(soul)으로 느끼게 해주실 때가 많다. 어느 집회에서 누군가를 위해 기도할 때, 혹은 식당에서 종업원을 위해 기도할 때, 슬픔이나 비탄이 느껴지곤 한다. 이는 주님이 우리에게 사역을 시키시는 순간이다. 주님은 우리로 하여금 상대방과 동일한 것을 느끼게 해주신다. 이러한 예언적 느낌들을 잘 인식하고 분별할 때, 우리의 기도를 받는 이가 치유와 구원을 경험하는 것을 목격하게 될 것이다.

때로는 사역을 받고 있는 사람에 대해 주님과 동일한 느낌을 느낄 수도 있다. 전혀 낯선 사람인데도 보호해 주고 싶은 느낌이 들기도 하고, 심오한 기쁨이 넘쳐나기도 한다. 우리는 하나님이 그들을 향해 노래하면서 기뻐하신다고 예언해 줄 수도 있다(습 3:17). 주님이 그들을 눈동자처럼 지켜 주신다는 예언도 가능하다(슥 2:8).

어느 날 나의 친구가 누군가를 위해 기도해 주고 있었다. 그런데 갑자기 그녀의 혼에 엄청난 수치가 덮쳐오는 느낌이 들기 시작했다. 잠시 후 그녀는 그 수치가 주님을 영접하기 몇 년 전 낙태를 하고 난 직후에 겪은 수치와 동일하다는 것을 깨달았다. 하나님이 그녀의 혼에 주신 느낌이 무엇인지 분별하고, 수년 전 그러한 수치를 느껴야만 했던 이유를 기억해 내는 순간, 그녀는 지금 주님이 그녀의 기도를 받고 있는 사람에 대해 지식의 말씀을 주시는 중이라는 사실을 깨달았다.

나의 친구는 기도를 받고 있는 젊은 여성을 위해 예언사역을 시작했다. 그녀는 그 젊은 여성이 낙태로 인한 고통과 수치 때문에 마약과 성적 방종에 탐닉했던 과거를 조심스레 들추어냈다. 이는 결코 과거의 허물을 폭로하기 위함이 아니었다. 다만 그녀의 혼을 치유할 목적으로 사랑 안에서 은밀히 행한 사역이었다.

이와 같은 영감을 받을 때, 많은 이들이 마음이 불안해질 수도 있을 것이라고 여길 수 있다. 상황이 변함에 따라 감정 또한 갑작스런 변화를 일으킬 수 있기 때문이다. 이는 자신의 감정을 통해 사역을 받는 사람을 위한 말씀이 주어지고 있다는 사실을 제대로 이해하지 못하기 때문이다. 만일 이러한 느낌들이 하나님으로부터 오는 것임을 깨닫기만 한다면, 그들은 주님의 은혜와 자비 안에서 능력 있는 사역자가 될 수 있다.

지혜와 균형

주님이 이와 같은 방식으로 말씀하실 때, 반드시 염두에 두어야 할 한 가지 사실이 있다. 느낌을 통해 하나님의 음성을 정확하게 분별하기 위해서는 많은 훈련과 지혜가 필요하다. 분명 우리가 경험하는 모든 느낌이 하나님으로부터 온 것은 아니다. 자기중심적이거나 마음의 상처가 있을 때, 느낌은 위험할 정도로 부정확해진다. 이 내용에 관해서는 5장에서 아주 상세하게 살펴볼 것이다.

이러한 불상사를 피하기 위해 우리는 마음속에 늘 하나님의 말씀을 품고 있어야 한다. 우리는 하나님의 말씀의 잣대로 마음의 생각과 느낌을 분별할 수 있다.

> 하나님의 말씀은 살아 있고 활력이 있어 좌우에 날선 어떤 검보다도 예리하여 혼과 영과 및 관절과 골수를 찔러 쪼개기까지 하며 또 마음의 생각과 뜻을 판단하나니 (히 4:12)

하나님의 말씀을 알고 그 말씀으로 느낌을 판단할 수 있을 때, 우리는 혼에서 말미암은 것과 하나님의 성령께서 우리 혼에 넣어 주신 것을 분별할 수 있다. 우리가 받은 모든 영감은 보다 확실한 예언의 말씀, 즉 성경이라는 필터를 반드시 거쳐야 한다.

예언적인 감각들

하나님은 신체의 오감 곧 시각, 청각, 촉각, 미각, 후각을 통해서도 말씀하신다. 주님은 보는 것, 듣는 것, 냄새, 맛, 영적인 터치를 통해서도 계시를 주신다. 이 말이 낯설게 들리는가? 주님이 영적인 감각을 통해 말씀하신다는 사실은 성경에도 언급된 내용이다.

영적으로 보다

구약성경에서는 예언자들을 종종 '선견자'(seers)라고 불렀다. 열왕기하 2장은 영 분별의 은사가 '영적인 시각'을 통해 나타난 예를 보여 준다. 엘리야가 하늘로 들려 올라갈 때, 엘리사에게 갑절의 영감이 임했다. 엘리사는 사역을 위해 엘리야의 겉옷도 받았다. 이를 지켜본 선지자의 생도들은 엘리사에게 다음과 같이 말했다.

> 맞은편 여리고에 있는 선지자의 제자들이 그를 보며 말하기를 엘리야의 성령이 하시는 역사가 엘리사 위에 머물렀다 하고 가서 그에게로 나아가 땅에 엎드려 그에게 경배하고 (왕하 2:15)

선지자의 생도들은 엘리야의 영이 엘리사 위에 머물러 있는 것을 보았다. 엘리사에게 어떤 신체적인 변화라도 생긴 것일까? 아니면 단지 그들은 영적인 눈으로 영적인 변화를 감지한 것인가? 그들은 과거에 엘리야 위에 임했던 영적인 임재가 이제 엘리사 위에 임해 있음을 보았다.

엘리사의 사역은 엘리야의 예언적 겉옷 혹은 권위 안에서 이루어졌다.

가끔 어떤 사람의 표정에서 내가 아는 다른 누군가와 닮은 점을 볼 때가 있다. 물론 이들의 외모는 전혀 다르다. 이는 주님이 영적으로 보는 것을 통해 말씀을 주시는 순간이다. 내 앞에 있는 사람과 내 머릿속에 떠오른 사람이 뭔가 동일한 면을 가지고 있다는 뜻이다.

주님은 종종 지금 내 앞에 있는 사람의 영적인 부르심이 다른 누군가의 부르심과 유사하다는 사실을 계시해 주신다. 때때로 두 사람은 출생 상황이나 직업이 동일하다. 심지어 이름이 같은 경우도 있다.

한번은 교회에서 하나님이 '영적으로 보는 것'을 통해 말씀하신다는 내용을 강의한 적이 있었다. 그때 청강자의 대략 절반가량이 영적으로 보는 방법을 통해 하나님의 계시를 받고 있었다. 그러나 그들 중 대다수는 자신들이 본 것이 무엇인지 전혀 알지 못하고 있었고, 이를 근거로 누군가에게 예언사역을 해본 경험은 더더욱 없었다. 강의를 들은 후 이제까지 단 한 번도 누군가에게 예언적 메시지를 전한 적이 없었던 사람들이 영적으로 '보는' 방법으로 계시를 받고, 깨달은 계시로 정확한 예언사역을 하기 시작했다.

돈나의 눈에 한 남성이 보였다. 그는 우리 집회에 참석하기 위해 퍼시픽코스트에서 온 사람이었다. 돈나는 그를 보는 순간 자신의 조카가 생각났다. 그 조카와는 벌써 여러 해 동안 소식을 주고받지 않고 있었다. 돈나는 이 상황을 남편에게 이야기했다. 그는 하나님이 아내의 영적인 눈을 열어 무언가를 보게 해주셨다는 것을 깨달았다. 그는 아내에게 혹시 조카와 관련되어 떠오르는 생각이 없느냐고 물었다. 돈나는 조카가 어린 시절에 겪은 문제들과 이로 인해 조카가 인생 전반에 걸쳐 어떤 영향을 받아 왔는지에 대해 말해 주었다. 돈나의 남편은 퍼시픽코스트에서 온 남성에게 다가가 돈나가 그를 위한 예언적 메시지를 받았다고 말했다.

돈나는 그 남성에게 조카가 겪은 특정한 어려움들에 관해 이야기했다. 이 남성이 그동안 견뎌온 문제들은 그녀의 조카의 경우와 동일했다. 그러나 하나님은 이제 그에게 모든 것을 이길 능력을 주고 계셨다. 돈나가 예언적 메시지를 전해 줄 때, 그는 깜짝 놀랐다. 그리고 이내 흐느껴 울기 시작했다. 그녀의 이야기는 구구절절 그의 형편과 그대로 맞아떨어졌다. 그날 그는 주님의 큰 격려를 받고 집으로 돌아갔다.

사역이 끝나자마자 돈나는 그 남성과 자기 조카가 전혀 닮은 구석이 없다는 사실을 깨달았다. 아무리 생각해 봐도 두 사람의 외모는 전혀 딴판이었다. 신체적으로는 닮은 데가 조금도 없었음에도 불구하고, 하나님이 그녀의 영적인 눈을 여셔서 예언적으로 보게 해주신 것이 틀림없었다.

한번은 한 여성을 위해 기도해 주는데, 문득 내 눈에 그녀의 손이 보였다. 더할 나위 없이 흰 빛깔의 손이었다. 흔히 볼 수 없는 일이었기에 나는 즉시 주님께 여쭤 보았다. "주님, 이게 무엇입니까?" 그러자 주님이 즉각적으로 응답을 주셨다. 주님은 그녀에게 아무 허물도 없다는 사실을 알려 주고 싶어 하셨다. 주님의 눈에 그녀는 전혀 흠이 없는 깨끗한 손 같았다. 주님께서는 그녀를 원수의 비난에서 해방시켜 주셨다. 그녀는 눈물을 흘리기 시작했다. 과거에 아무런 잘못도 없이 오해를 받은 일이 있었기 때문이다.

　이상과 같은 방식으로 계시를 받는 사례는 우리 교회의 예언사역 팀만 하더라도 수를 헤아릴 수 없을 정도로 많다. 영적으로 보는 방식을 통해 치유와 축사와 확증을 체험한 이들의 간증은 수백 건이나 된다. 더 많은 사례들이 다음 장에 소개되어 있다.

영적으로 듣다

　하나님은 영적으로 듣는 방법으로도 계시를 주신다. 영적으로 보는 방식과 마찬가지로, 누군가의 말소리를 듣거나 누군가의 이름을 듣는 순간에도 계시가 임한다. 여기서 영적으로 듣는다는 것은, 사람의 목소리에서 풍겨나는 우울 혹은 흥분 등을 감지한다는 의미가 아니다. 다만 영적으로 분별하는 것을 뜻한다.

　내가 영적으로 듣는 방법을 통해 계시를 받은 최초의 사건을 소개하겠다. 한 젊은 침례교 목사와 함께 차를 타고 가고 있었다. 그는 운전을 하면서 교회의 몇몇 성도들에 관한 고민거리를 털어 놓았다. 특히 어느 한 성도에 대해 유별나게 걱정을 하고 있었다. 이 젊은 목사가 그 성도의 이름을 말하는 순간, 나는 그에게 말했다. "이런! 혹시 그 빨간 머리 청년을 말씀하시는 거예요?" 내가 이 말을 하자마자 우리가 타고 가던 차 안은 하나님의 임재로 가득 찼다. 나에게 임한 이 계시는 우리 모두를 깜짝 놀라게 했다. 내가 그 빨간 머리 청년을 한 번도 만나본 적이 없었기 때문이다.

　걱정만 하고 있던 젊은 목사는 한시름 놓았다. 하나님이 그 청년을 구체적으로 알고 계시며, 그의 삶 속에서 일하시는 중임을 깨닫게 되었기 때문이다. 그 목사는 청년을 도와주려던 마음을 철회했고, 얼마 지나지 않아 그 청년의 삶이 변화되기 시작했다.

또 다른 사례가 있다. 어느 날 사무실에서 일을 하던 중 전화가 걸려와 받으니, 수화기 너머로 어떤 여성의 목소리가 들려왔다. 전화상으로만 여러 번 이야기를 주고받았을 뿐 한 번도 만나본 적이 없는 여성이었다. 그녀의 목소리를 듣는데, 왠지 그녀의 헤어스타일이 훨씬 '성숙한 스타일'로 바뀌었다는 사실이 느껴졌다. 나는 이것을 그녀에게 그대로 말해 주었다. 그녀는 깜짝 놀라며 사실은 하루 전에 머리스타일을 바꿨다고 하였다. 나는 이것이 무슨 뜻인지 주님께 여쭤 보았고, 주님은 그녀가 이제까지 드린 몇몇 기도제목들이 곧 삶 속에서 열매 맺게 될 것이라고 말씀하셨다. 그녀는 바로 그 주간에 내가 말한 내용과 관련하여 기도를 드리고 있었다고 말하며 매우 놀라워했다.

하나님은 영적으로 듣는 방법을 통해 사람들이 겪고 있는 다양한 갈등들을 드러내시고, 그들을 격려해 주기도 하신다. 그 외에 다른 많은 것들에 대해서도 마찬가지이다. 뭔가 심상치 않은 것을 들었다면, 이를 주님께 여쭙고 분별해 보기 바란다. 주님이 우리를 강력한 사역의 도구로 사용하실 것이다.

영적으로 냄새 맡다

하나님은 영적으로 냄새 맡는 방법으로도 말씀하신다. 물론 이것은 흔한 방법은 아니다. 영적으로 보는 것, 영적으로 듣는 것과 마찬가지로, 하나님은 종종 영적으로 냄새 맡는 방법을 통해서도 메시지나 계시들을 주신다.

모닝스타 출판사와 모닝스타 사역 초창기에 우리의 사역은 매우 미미했다. 갖춰 놓은 시설들도 얼마 없었다. 한동안 나와 아내는 우리가 임대한 어느 큰 집에서 릭과 줄리 조이너, 그리고 그들의 두 자녀와 함께 지낸 적이 있었다. 어느 날 밤늦게 잠자리에 들려던 중 문득 뭔가 이상한 '냄새'가 느껴졌다. 나는 주님께 이 냄새가 무엇이냐고 여쭤 보았다. 주님은 원수들이 우리에게 바이러스를 풀어 놓았으니, 이를 꾸짖고 보호하는 기도를 하라고 말씀하셨다. 나는 주님의 말씀에 순종하여 아내와 나를 위한 보호 기도를 드렸다.

다음날 아침, 나와 아내는 별다른 이상이 없었다. 그런데 그날 오후 늦게 릭과 그의 가족이 바이러스에 감염되어 밤새도록 아팠다는 이야기를 들었다. 이기적으로 내 가족만 생각한 나머지, 나는 조이너의 가족들을 위한 기도는 까맣게 잊고 있었다. 실수를 저지른 뒤 당황스러웠지만(릭도 마찬가지였다), 전날 저녁 냄새를 통한 분별이 실제로 타당한 것이었음을 확신할 수 있었다.

하나님이 냄새를 통해 단지 원수의 책략만을 계시해 주시는 것은 아니다. 주님의 일에 관한 계시도 냄새를 통해 주신다. 언젠가 스위스에서 친구와 함께 한 젊은 여성을 위해 기도해 주는데, 갑자기 어디선가 향기로운 내음이 물씬 풍겨왔다. 기도를 받고 있는 그 여성도 우리와 동일하게 향기를 맡고 있었다. 우리 바로 뒤에 사람들이 서 있었지만, 그곳에서 향기를 맡은 사람은 우리 외에는 아무도 없었다. 우리는 그녀의 삶을 통해 향기처럼 발산되는 주님의 임재에 관해 말해 주었다. 그녀는 눈물을 흘리며 기뻐했다. 주님은 그녀의 상처 난 마음을 치유해 주셨고, 그녀가 주님께 얼마나 소중한 존재인지를 확신시켜 주셨다. 그로부터 몇 개월 후 다시 만났을 때, 그녀는 마치 활짝 핀 꽃처럼 하나님의 권능으로 충만한 여성으로 바뀌어 있었다.

영적으로 만지다

주님이 터치에서 느껴지는 영감의 방법을 통해 말씀하시는 경우는 매우 빈번하다. 집회에서 예언사역을 할 때, 주님은 기도를 받는 사람에게 실제로 '손을 얹어야만' 비로소 말씀을 주곤 하신다. 여기에는 이유가 있다. 주님은 우리가 보다 친밀하고 개인적인 사역을 수행하기 바라시기 때문이다. 어떤 이들은 누군가에게 손을 얹고 기도해 주는 동안, 그 사람이 앓고 있는 구체적인 질병이나 환부에 관한 계시를 받기도 한다.

몇 년 전 팩스기 옆을 지나던 중 마침 한 기밀문서가 릭 조이너 앞으로 전송되고 있었다. 나는 그 문서를 들고 릭 조이너의 개인우편함에 집어넣으려 했다. 그런데 갑자기 그 문서에서 일종의 조종의 영이 느껴졌다. 내가 조종의 영을 분별하게 된 것은 팩스의 내용을 읽어서가 아니었다. 단지 그 문서를 손에 쥐었을 뿐이었는데 분별이 된 것이다. 나중에 릭과 대화할 기회가 생겼을 때, 내가 받은 영감에 관해 이야기를 나누었다. 그는 깜짝 놀라며 그 팩스가 그동안 자신을 괴롭혀 왔으며, 이것을 어떻게 다루어야 좋을지 몰라 주님께 지혜를 구하는 기도를 드리는 중이었다고 하였다.

그렇다면 나는 어떻게 그 팩스의 메시지 이면에 숨겨진 조종의 영을 분별할 수 있었을까? 그 문서에 손을 대자마자 나의 혼은 누군가가 나를 조종 혹은 통제하려는 듯한 느낌을 받았다. 몇 년 전, 나는 원치 않게 조종과 통제의 희생양이 되어야 했던 적이 있었다. 조종과 통제의 느낌을 알게 된 것은 바로 그 경험 덕분이었다. 주님은 분별의 도구로 과거의 기억을 사용하심으로써 모든 상황을 잘 해결해 주셨다.

영적으로 맛보다

계시의 수단으로써 영적으로 맛을 보는 방법은 특성이나 목적에 있어서 영적으로 냄새를 맡는 방식과 매우 유사하다. 개인 기도사역을 해주는 동안, 입 안에 갑자기 매우 독특한 맛이 느껴지는 경우가 여러 번 있었다. 물론 내 입 속에는 아무것도 없었다. 주님께 이 사실에 대해 여쭈어 보았더니, 그 맛은 기도를 받고 있는 사람에 관한 예언적 계시였다고 말씀하셨다. 이제 나는 기도 중에 맛이 느껴지면, 상대방에게 예언을 해준다. 환자를 위해 기도해 주는 동안 이런 현상을 경험하는 이들도 있다.

이와 같은 현상이 낯설게 여겨질 수도 있다. 그러나 이것은 성경의 기록을 통해 볼 때 그리 이상한 것도 아니다. 예수님은 병자를 고치실 때, 그의 혀나 눈에 침을 뱉거나 눈에 진흙을 바르셨다. 정직하게 성경을 읽는다면, 우리는 주님이 이사야에게 하신 말씀에 동의하지 않을 수 없다. "이는 내 생각이 너희의 생각과 다르며 내 길은 너희 길과 다름이니라"(사 55:8).

주님의 방법은 인간의 방법과는 다르다. 당신은 누군가의 방법이 바뀌어야 한다고 생각하는가? 주님의 음성을 듣기 원하는가? 그렇다면 주님이 말씀하시는 방법이 아무리 낯설고 이상해도 마음을 활짝 열고 받아들이길 바란다. 주님은 종종 지혜로운 자의 지혜를 무색케 하시려 어리석고 천하고 약한 자들을 사용하신다. 때때로 우리는 주님의 음성을 듣기 위해 기꺼이 어리석은 자가 되어야 한다(고전 1:27).

주님의 목소리

주님은 실제로 분명한 목소리로도 말씀하신다. 하나님이 말씀하신다고 할 때, 대체로 우리는 영감이나 환상, 혹은 기타 주님이 말씀하시는 여러 가지 방법들을 떠올린다. 그러나 우리가 명심해야 할 중요한 사실이 있다. 주님이 실제 목소리를 통해서도 우리에게 말씀하신다는 것이다.

주님의 목소리를 듣는 것에 있어서도 계시의 차원이나 말씀하시는 방법은 천차만별이다. 아래에 소개한 목록은 주로 일반적으로 사용되는 것들이다. 이들 각각의 주제마다 해당 성경구절을 첨부하지는 않았으나, 성경은 '고요하고 세미한 음성'에 관해 분명히 언급하고 있다. 주님은 들을 수 있는 소리로도 말씀하신다. 우리가 여기서 다루는 일부 표현들은 단지 기술적인 성격을 지닌다.

고요하고 세미한 하나님의 음성

이는 대체로 가장 낮은 차원의 계시에 속한다. 대부분의 크리스천들이 하나님의 음성을 주로 이러한 방법을 통해 직접적으로 듣는다. 기도나 묵상 가운데 주님을 기다리는 동안, 주님은 부드럽고 온화한 목소리로 우리에게 말씀하신다. 주님이 이렇게 말씀하시는 목적은 개개인을 지도하거나 격려하시기 위함이다. 이는 하나님의 음성을 듣는 가장 주관적인 방법인데, 내면적으로 아주 조용하게 임한다는 점에서 그러하다. 주님은 분명 이 방법을 사용하여 우리에게 말씀하신다. 그런데 이와 관련하여 우리는 자신의 마음 안에 숨겨진 욕구에 비추어 말씀을 판단할 수 있어야 한다(이 부분에 관해서는 11장에서 보다 상세하게 논하겠다).

내면에서 들리는 하나님의 음성

이는 고요하고 세미한 음성에 비해 훨씬 높은 차원의 계시이다. 본질상 덜 주관적이기 때문이다. 이 음성은 종종 커다란 굉음처럼 들리는데, 결코 우리 자신의 생각에서 나온 음성이 아니다. 오히려 이것은 우리의 생각을 잘라내고 차단한다. 이 음성은 실제로 귀로 들을 수 있는 것은 아니다. 다만 내면에서 너무도 강력하게 울려 퍼져서 그렇게 느껴질 뿐이다.

한 컨퍼런스에서 우리는 예언사역을 하고 있었고, 우리 교회의 목사인 매트는 강단에 서 있었다. 그는 팔백 명가량의 청중을 내려다보며 그들에게 말씀해 주시도록 주님께 기도하고 있었다. 그때 매트의 눈이 문득 홀 중간쯤 앉아 있는 한 부부에게로 향했다. 매트의 눈길이 그들에게 쏠린 이유는 위로 치솟은 그들의 어깨 때문이었다. 그들을 보는 순간 매트의 내면에서 주님이 큰 소리로 말씀하셨다. "아기는 괜찮단다." 매트는 그 부부를 큰 소리로 불러서 이렇게 말했다. "주님은 아기에게 아무 문제가 없다는 것을 당신들에게 알려 주기 원하십니다." 두 사람은 모두 빙그레 웃으며 매트의 메시지에 수긍했다.

우리는 그들을 일으켜 세우고 이 메시지가 그들에게 어떤 의미가 있는지 물어보았다. 여인이 자리에서 일어나자 임신 8개월 정도 된 모습을 모두가 지켜볼 수 있었다. 그들은 그곳에 모인 사람들에게 자신들의 이야기를 들려주었다. 그들은 얼마 전부터 태아에 대해 염려하기 시작했고, 아기의 안전 여부를 확신시켜 달라고 주님께 기도해 오던 중이었다고 하였다. 그 후 아기를 출산한 부부는 우리를 찾아왔다. 아기는 매우 건강했다.

귀에 들리는 하나님의 음성

분명 이것은 하나님의 음성을 내면적으로 듣는 것보다 훨씬 고차원적인 계시이다. 귀에 들리는 하나님의 음성을 묘사하기란 매우 어렵다. 다만 한 가지 사실은 말할 수 있다. 만일 당신이 하나님의 음성을 육성으로 들은 적이 있다고 생각한다면, 아마 그것이 실제로는 하나님의 음성이 아니었을 수도 있다. 하나님이 이런 방법으로 말씀하실 때에는 아무 생각도, 의심도 들지 않는다. 이 음성은 커다란 소리라기보다 오히려 본질상 무한함이다.

내가 최초로 하나님 아버지의 음성을 세 차례에 걸쳐 귀로 들었을 때, 마치 영원의 말소리를 듣는 것과도 같았다. 주님의 음성을 들은 후 몇 주간 몸의 진동이 멈추지 않았다. 귀로 들리는 하나님의 음성에는 조금도 오차가 없다. 이는 매우 높은 차원의 계시이다. 물론 이 계시도 해석이 필요하다. 주님이 이런 방법을 사용하시는 경우는 그리 흔치 않다.

언어유희는 칼보다 강하다

잘 믿기지 않겠지만, 하나님은 종종 언어유희를 통해서도 말씀하신다. 아무리 많은 사례를 제시한다 해도, 오늘날 언어유희를 통해 주님이 말씀하신다는 사실을 받아들이기 어려운 사람도 있을 것이다. 그러나 하나님이 이 같은 방식으로 말씀하시는 예는 성경에서도 찾아볼 수 있다.

> 여호와의 말씀이 또 내게 임하니라 이르시되 예레미야야 네가 무엇을 보느냐 하시매 내가 대답하되 내가 살구나무 가지를 보나이다 여호와께서 내게 이르시되 네가 잘 보았도다 이는 내가 내 말을 지켜 그대로 이루려 함이라 (렘 1:11-12)

본문에서 주님은 "네가 잘 보았도다 이는 내가 내 말을 지켜 그대로 이루려 함이라"고 말씀하신다. 과연 이 말씀은 무엇을 의미할까? 예레미야가 본 살구나무 가지와 이 말씀은 과연 어떤 상관관계가 있는가? 우리가 사용하는 성경이 히브리어로 되어 있지 않기 때문에 하나님과 예레미야가 주고받은 대화의 의미가 제대로 파악되지 않을 수도 있다. 히브리어 성경에서 이 구절에 해당하는 본문은 언어유희로 이루어져 있다.

우선 주님은 예레미야에게 무엇을 보느냐고 물으신다. 예레미야는 '샤케드'(shawkade)라고 대답한다. '샤케드'란 살구나무를 의미한다. 그러자 주님이 말씀하신다. "네가 잘 보았도다. 내가 '쇼케드'할 것이다." 여기서 '쇼케드'란 주님이 말씀을 지켜 그대로 이루시겠다는 뜻이다. 주님이 두 단어의 유사성을 사용하여 예레미야에게 말씀하신 것이다. 주님의 말씀을 반드시 이루시겠다고 말이다. 이처럼 주님은 오늘날에도 언어유희를 통해 말씀하신다.

환상들

하나님이 우리에게 말씀하시는 다양한 방법 중에는 '환상'의 범주에 포함될 만한 것들이 매우 많다. 여기에는 영으로 흘낏 봄, 부드러운 내적 환상, 강력한 내적 환상, 열린 환상 등이 있다. 이것들에 관한 설명은 잠시 후에 할 것이다.

우리가 반드시 기억해야 할 것이 있다. 하나님이 말씀하시는 방법인 환상은 단지 구약시대의 성인들에게만 사용된 것은 아니다. 하나님은 신약시대를 살아가는 우리에게도 환상을 통해 말씀하신다. 오늘날 수많은 사람들이 환상을 통해 계속해서 하나님의 말씀을 듣고 있다. 개인적으로 나는 누군가를 위해 기도해 주는 동안 환상을 보거나 영으로 흘낏 보는 경험을 거의 늘 하고 있다.

예언적 계시의 비중을 따지자면, 대체로 환상은 영감에 비해 훨씬 더 높은 차원의 계시이다. 본질상 환상은 영감보다 덜 주관적이다. 아래에 열거한 목록들은 다양한 종류의 환상들 중 몇 가지 구체적인 예들이다. 계시에 관한 내용을 다룬 4장에서 환상에 관해 보다 상세히 살펴볼 것이다.

영으로 흘낏 봄

이는 환상 중에서도 가장 낮은 차원에 속한다. 영으로 흘낏 본다는 것은 주님이 주신 내적 이미지들이 잠깐 스쳐 지나가는 것을 말한다. 이것은 대개 정지된 하나의 이미지로서, 아주 짧은 순간 보이는 경우가 많다. 풍경이나 줄거리가 보이는 것은 아니다. 이것은 비록 낮은 차원에 속하는 계시이긴 하지만, 하나님은 이 같이 조용한 환상들을 통해서도 강력한 메시지를 주실 때가 있다.

영으로 흘낏 보는 것들은 대부분 본질상 상징적인 경우가 많다. 나는 사람들을 위해 기도해 주는 동안, 영으로 흘낏 보거나 정지된 이미지들을 볼 때가 많다. 이것들은 원래 나에게는 전혀 의미가 없는 것들이었다. 그러므로 주님이 말씀하시려는 바를 제대로 이해하기 위해서는 이미지들의 의미를 주님께 여쭤 봐야 한다.

부드러운 내적 환상과 강력한 내적 환상

이러한 환상들은 단순히 영으로 흘낏 보는 것에 비해 훨씬 더 강력하다. 물론 이것들도 여전히 내면으로 '보이는' 환상들이다. 원칙적으로 이러한 환상들은 단순히 정지된 이미지들은 아니다. 사건들에 관한 일련의 '줄거리'를 포함하고 있기 때문이다. 이런 종류의 환상들은 부드러운 내적 환상보다 훨씬 명료하고 심오하므로, 더 높은 차원의 계시에 속한다. 또한 조금만 방심해도 방해를 받을 수 있으므로, 장면들을 놓치지 않기 위해 상당한 집중력이 요구된다.

부드러운 내적 환상들과 강력한 내적 환상들의 목록을 정리하던 중 나는 한 가지 사실을 발견했다. 어떤 내적 환상들은 나머지 다른 것들에 비해 단연코 강력한데, 이처럼 강력한 내적 환상들은 부드러운 내적 환상들보다 높은 차원의 계시에 해당한다.

열린 환상

열린 환상은 영감이나 내적인 환상, 내면에서 들리는 하나님의 음성에 비하면 상당히 높은 차원의 계시이다. 열린 환상은 눈을 뜬 상태로 받을 수 있으며, 잠시 주의를 분산시켜도 환상이 중단되지는 않는다. 운전하는 경우처럼 주의력을 요하는 활동을 하고 있는 중에도 열린 환상이 시작되고 지속된다. 이것은 실제로 영화 장면을 보고 있는 것과 유사한 경험이다.

열린 환상은 내적인 환상들에 비해 훨씬 더 높은 차원의 계시이다. 본질상 덜 주관적이기 때문이다. 내적 환상은 마치 백일몽과 같이 당신 자신의 생각에서 나올 수도 있다. 그러나 외적으로 보이는 열린 환상은 결코 당신의 생각에서는 나올 수 없고, 중단시킬 수도 없다. 열린 환상은 명백히 하나님이 주시는 것이다. 어떤 경우에는 여러 사람이 동시에 열린 환상을 보기도 한다.

꿈

꿈은 하나님이 말씀하시는 일반적인 통로 중 하나이다. 마태복음 1-2장에는 마리아의 남편 요셉의 이야기가 나온다. 요셉은 하나님으로부터 네 개의 독특한 꿈을 받았다. 요셉이 꾼 꿈들은 모두 본질상 지시적인 속성을 지니고 있었다. 마리아를 아내로 받아들이라는 꿈, 식구들과 함께 애굽으로 도망가라는 꿈, 이스라엘로 돌아오라는 꿈, 다른 길로 돌아가서 갈릴리에 머물라는 꿈 등이었다. 주님이 주시는 꿈의 형태는 다양하다(마 1:20; 2:13, 20, 22).

사실 그대로의 꿈

사실 그대로의 꿈이란 단순하고 신속하게 진행되는 장면들로서, 앞으로 일어날 상황들에 대해 알려 주는 꿈이다. 이런 짤막한 꿈들은 대체로 이해하기 쉬워서 해석이 거의 혹은 전혀 필요하지 않다. 종종 나는 평소에 만나지 않던 사람과 우연히 만나고 난 후 이런 종류의 꿈을 꾸곤 한다.

예를 들어, 어느 날 평소에 알고 지내던 한 남성과 전화로 짧게 대화를 주고받았다. 그 남성과는 거의 2년 동안 한 번도 만난 적이 없었다. 그런데 그날 밤 꿈에서 나는 그와 그의 아내가 현재 살고 있는 집을 팔고 더 넓고 비싼 집을 사는 장면을 보았다. 그 후 그들의 사업이 급속히 기울기 시작하여 마침내 새 집을 잃는 상황으로까지 치달았다. 내 꿈은 그 장면에서 끝났다.

다음날 아침, 나는 전화번호를 찾아서 그에게 전화를 걸었다. 혹시 새 집을 살 계획이냐고 물어보니, 그가 그렇다고 대답했다. 나는 전날 밤 꾼 꿈 이야기를 들려주었다. 그들 부부는 내 꿈을 실제로 주님이 주신 것으로 받아들였다. 결국 그들은 현재 살고 있는 집을 팔지 않기로 했고, 몇 달이 안 되어 그는 내가 꿈에서 본대로 사업상 어려움을 겪게 되었다. 그러나 더 넓은 집을 구입하는 데 불필요하게 돈을 쓰지 않게 됨으로써 그들은 재정적인 위기를 잘 극복할 수 있었다.

상징적인 꿈

그 밖의 꿈들은 특성상 매우 상징적이므로, 시간을 두고 신중하게 해석해야 한다. 많은 기도와 묵상이 필요한 경우도 있다. 상징적인 꿈들 중에는 꿈꾼 당사자가 내려야 할 결정에 관해 주님이 지극히 개인적인 방식으로 말씀해 주시는 것들도 있다. 사람들은 대체로 비유적인 것을 추구하기 때문에 하나님은 종종 상징적인 꿈을 통해 말씀하신다.

나의 친구 한 명이 자녀교육과 관련하여 중대한 결정을 내려야 했다. 그것은 향후 진로에 커다란 변화를 가져올 수도 있는 결정이었다. 그녀는 선택을 위해 여러 날을 기도했지만, 응답을 받지 못하고 있었다. 친구들이 새로운 변화를 시도할 계획인지 묻자, 그녀는 아직 청신호를 받지 못한 상태라고 대답했다.

다음날 그녀는 꿈에서 자동차를 운전하다가 교차로에서 멈추어 섰다. 잠시 후 교통신호를 올려다보는데, 앞에 있는 차들이 앞으로 움직이기 시작했고 그녀의 눈에 청신호가 들어왔다. 꿈은 거기에서 끝났다. 잠에서 깨어난 그녀에게 주님이 말씀하셨다. "직진!" 결국 그녀는 변화를 선택했고, 이 선택은 그녀의 자녀에게 좋은 결과를 가져왔다.

천사나 주님이 나타나는 꿈

어떤 꿈에서는 실제로 천사나 주님이 나타나 직접 메시지를 주시기도 한다. 물론 이는 방문(visitations)이 아니라 단지 꿈이지만, 높은 차원의 계시에 속한다. 성경에는 이런 종류의 꿈에 관한 실례가 무수히 많이 언급되어 있다(창 20:3, 31:2, 왕상 3:5-15, 마 1:20, 2:12-13).

하나님은 예언자들에게만 꿈으로 말씀하시지는 않는다. 어머니들, 목수들, 관리자들, 행정가들, 아이들 등 주님은 거의 모든 사람들에게 꿈을 통해 말씀하신다. 우리 교회에서는 정기적으로 꿈을 통해 경고와 격려와 탁월한 가르침을 받는 아이들이 매우 많다. 주님은 우리에게 말씀하시기를 간절히 열망하신다. 꿈은 주님이 사용하시는 가장 효과적인 수단 중 하나이다.

황홀경(또는 입신, Trances)

황홀경이라는 표현에 조금도 두려워하지 말기 바란다. 황홀경은 신약성경에도 등장하는 개념이다. 베드로는 황홀경 가운데에서 주님의 간절한 음성을 들었다. 황홀경 중에 받은 가르침에 순종함으로써 베드로는 복음이 유대인과 이방인 모두를 위한 것이라는 계시를 받게 되었다(행 10:34). 베드로가 주님이 주신 메시지를 그대로 따랐을 때, 이방인들을 향한 복음의 문이 활짝 열렸다.

대체로 황홀경 중에 있을 때, 자연적인 상황에 대한 인식은 흐릿해진다. 마치 얼어붙은 듯 황홀경 안에서 발생하는 사건에만 온통 관심을 집중하게 된다. 열린 환상에서 당신이 관찰자의 입장이라면, 황홀경의 경우 당신은 실제적으로 앞에 펼쳐지는 장면 속에 참여한다. 황홀경에는 시간의 제약이 없다. 몇 초 동안일 수도 있고, 여러 시간 지속될 수도 있다. 기독교 역사는 하나님이 황홀경을 통해 말씀해 주신 기록들로 점철되어 있다.

예언사역을 하는 나의 친구 중 한 명은 주기적으로 황홀경에 들어가 주님의 계시를 받곤 한다. 황홀경을 통해 주님이 주시는 계시는 일상생활을 통해 얻는 것보다 훨씬 차원이 높다. 주님은 그에게 종종 누군가의 이름과 함께 향후 12개월 안에 그 사람에게 일어날 일들에 대해 계시를 주기도 하신다. 경험적으로 볼 때, 황홀경을 통해 받은 계시는 대단히 강력하다.

황홀경은 꿈이나 환상들에 비해 훨씬 높은 차원의 계시이다. 본질상 덜 주관적이기 때문이다. 황홀경은 결코 노력을 통해 들어갈 수 없다. 그것은 주님이 주시는 것이며, 주님이 중단하시기 전까지 멈추지 않는다.

영으로 끌어올려짐

이는 황홀경과도 유사한 경험이다. 다만 어딘가 다른 곳으로 이동되어 간다는 점에서 황홀경과 다르다. 이런 형태의 계시를 언급하고 묘사한다고 해서 조금도 불편하게 생각하지 말기 바란다. 이러한 형태의 계시는 성경에도 등장한다.

바울은 영으로 끌어올려져 3층천에 갔다. 그는 이 경험이 자신의 영과 몸이 분리되면서 일어난 것인지, 혹은 몸이 실제로 3층천에 들려 올려진 것인지 분간하지 못했다고 말한다(고후 12:2-3). 오늘날 뉴에이지나 사교에서도 영으로 끌어올려지는 경험을 흉내 낸다. 예를 들어 유체이탈(astral projection) 등이 있는데, 우리가 기억해야 할 것이 있다. 하나님은 창조주이시며, 사단은 결코 아무것도 창조해 낼 수 없다. 단지 위조할 뿐이다.

에스겔도 영으로 끌어올려지는 경험을 했다(겔 3:12-15). 이는 비단 바울과 에스겔에게만 국한되는 경험은 아니다. 하나님은 오늘날에도 영으로 끌어올려지는 방법으로 주님의 백성들에게 말씀하신다.

천사의 방문

사도행전에는 천사들이 성도들에게 메시지를 전해 주는 장면이 자주 등장하는데, 이것은 참으로 놀라운 일이다. 천사들은 주로 꿈이나 환상을 통해 찾아왔다. 분명한 것은 천사들이 실제로 방문한다는 사실이다. 우리는 이제껏 천사들이 메신저라는 개념을 거의 잊고 살았다. 천사의 존재를 단순히 천상의 보호자 혹은 천상의 경배자로 축소시켜왔다. 물론 천사들은 이러한 기능들도 담당한다. 그러나 '천사'(angel)는 원래 '메신저'이다.

오늘날에도 하나님은 천사의 방문을 통해 메시지를 전해 주신다. 현재 천사들의 출현이 점점 많아지고 있다. 교회가 중요한 영적 진보를 이루기 직전일수록 천사들의 출현은 매우 빈번해진다. 주님은 우리 중 많은 이들에게 천사를 통해 말씀하신다. 바울도 천사를 통해 메시지를 받았다(행 27:23-24). 베드로도 천사의 도움으로 감옥에서 풀려 나왔다. 베드로에게 나타난 천사는 외관상 사람의 모습을 가지고 있었고, 잠긴 감옥의 문을 직접 열어 주기까지 했다.

주님의 방문

천사만 우리를 방문하는 것은 아니다. 어떤 사람은 주님의 방문을 받기도 한다. 천사의 경우와 마찬가지로, 주님도 꿈이나 환상으로 우리를 방문하신다. 때로는 가시적으로 주님을 드러내 주시기도 한다. 분명 주님의 방문은 예언적 계시에서 최상의 차원에 속한다. 사도 요한은 예수님의 실제적인 방문을 통해 요한계시록을 받았고, 바울도 주님의 방문을 받았다(행 9:3-7).

물론 하나님의 음성을 듣는 법에 관한 명확한 지침 같은 것은 성경에 나오지 않는다. 다만 성경은 영감이나 환상, 꿈이나 황홀경, 천사의 방문 등 하나님이 말씀하시는 다양한 방법들을 예시해 준다. 사도행전 전반에 걸쳐 하나님은 이 모든 방법들을 통해 하나님의 백성들에게 말씀하고 계신다(행 5:2-5, 19, 8:26-30, 9:3-4, 10, 10:3, 10-20, 12:7, 13:2, 14:9, 16:9, 18:9).

하나님의 음성을 듣기 위한 열쇠

하나님의 음성을 깨닫기 위해서는 주의를 집중해야 한다. 나는 몸소 체험한 한 사건을 통해 이 사실을 극적으로 깨우쳤다. 처음으로 경험 많은 예언자인 밥 존스와 함께 사역하던 때의 일이다. 나는 몸으로 느껴지는 것에 주의를 기울이지 않았다는 이유로 혹독한 교정을 받았다.

밥과 나는 그날 거의 하루 종일 사역했다. 나의 몸은 거의 탈진상태였다. 반면, 밥은 여전히 활력이 넘쳤다. 나는 잠시 쉬기로 마음먹고 홀의 뒤쪽으로 갔는데, 밥은 아직도 어느 젊은 여성을 위해 사역을 하고 있었다. 내가 앉아 있던 곳은 밥과 약 6미터가량 떨어져 있었다. 문득 나는 오른쪽 눈이 가려워 손으로 문지르기 시작했고, 밥은 여전히 등을 내게로 향한 채 사역하는 중이었다. 내가 막 오른쪽 눈을 비비기 시작했을 때, 갑자기 밥이 소리쳤다. "스티브! 가려운 건 자네 눈이 아니야! 주님이 그녀의 눈에 대해 자네에게 말씀하고 계신 거야! 정신을 똑바로 차리라고!" 밥의 말에 나는 두말할 필요도 없이 정신을 집중하기 시작했다.

사역하는 중에는 반드시 정신을 바짝 차려야 한다! 주님이 당신에게 누군가를 위한 영감을 주실 수도 있기 때문이다. 이런 게 바로 사역이다. 사역은 남을 섬기는 일이다. 주님께 떡을 구하는 목적은 여행 중인 친구에게 주기 위해서이다. 주님은 필요한 모든 것을 주신다. 그러나 이를 받기 위해 우리는 주의를 집중해야 한다. 다음에 언급하는 목록은 하나님이 계시를 주실 때 민감하게 반응하기 위해 필요한 몇 가지 지침들이다.

1. 주님의 임재 가운데 머물라

삶 속에 주님의 임재가 깊어질수록, 주님이 말씀하시는 것을 보다 민감하게 인지하게 된다. 이는 지속적인 헌신의 삶을 통해 가능한 일이다. 예배와 성경 묵상은 우리를 주님의 임재 안으로 이끌어 준다.

2. 하나님의 목적에 초점을 맞추라

하나님의 목적에 대한 헌신의 깊이가 더해갈수록, 우리는 주님의 예언적 계시를 받을 수 있는 신분으로 점점 더 구비되어 간다. 아모스 3장 7절에서 주님은 그분의 종들인 예언자들에게 드러내지 않고는 아무 일도 이루지 않으신다고 말씀하신다. 예언사역자가 된다는 것은 주님의 종이 됨을 의미하기도 한다. 종이 품어야 할 최종 목표는 바로 주님의 목적이 성취되는 것을 지켜보는 일이다.

3. 매사에 주님께 물으라

주님은 우리에게 왕국을 주고 싶어 하신다(눅 12:32). 하나님은 우리가 다른 이들을 도우려고 애쓰는 모습을 좋아하신다. 다른 사람들을 섬기기 위해 주님께 예언적 계시를 구한다면, 틀림없이 주님은 우리에게 말씀해 주신다.

4. 다른 이들을 향한 사랑 가운데 자라가라

주님이 우리에게 영적인 은사들을 주시는 목적은 무엇일까? 우리가 보다 효과적으로 하나님의 은총을 다른 사람에게 나타내 보이게 하시기 위함이다. 참된 분별은 경건한 사랑을 통해 부차적으로 얻어진다(빌 1:9). 믿음은 사랑을 통해 역사한다. 다른 사람들을 향한 사랑 가운데 성장해 나아갈 때, 주님이 주시는 예언적 계시들을 더 잘 받을 수 있는 신분으로 변화된다.

5. '바디 체크'를 하라

집회장소로 들어갈 때나 누군가와 이야기할 때, 나는 먼저 '바디 체크'를 한다. 주님이 나의 영이나 혼, 몸을 통해 영감을 주실 수도 있기 때문이다. 사역하는 동안에도 나는 끊임없이 나의 전 존재를 지각한다. 주님이 영감을 통해 어느 개인이나 상황에 대해 말씀하실 수 있다는 사실에 늘 마음을 열어 놓는다.

6. 기록된 하나님의 말씀인 성경을 사랑하라

성경이야말로 우리에게 주신 보다 확실한 예언의 말씀이다. 하나님의 말씀을 사랑하고 우리 혼이 늘 주님의 말씀을 먹으며 살아갈 때, 하나님의 말씀에 더욱 민감하게 반응하는 자로 성장하게 될 것이다.

지금까지 제시한 원리들이 삶의 일부가 될 때, 우리는 주님과 그분의 음성에 더욱 민감한 자로 변화될 것이다. 주님이 말씀하시는 다양한 방법들에 민감해질수록, 주님이 우리에게 얼마나 분명한 계시를 주시는지 경탄할 수밖에 없을 것이다. 한때는 주님이 계시를 주셨다는 사실조차 모르고 살았는데 말이다. 주님의 음성을 지속적으로 깨닫기 시작한 사람은 예언적인 계시를 해석하는 능력도 계속해서 개발시켜 나가야 한다.

Chapter 4

계시 해석하기

예언사역 안에서 성장하기 위한 두 번째 단계는, 주님이 주신 계시를 정확하게 해석하는 법을 배우는 것이다. 지난 장에서 우리는 대부분의 크리스천들이 이미 하나님의 음성을 듣고 있으면서도 이를 깨닫지 못하고 있다는 사실에 관해 이야기했다. 반면, 주님이 말씀하신다는 사실을 알기는 하지만, 그 말씀이 무엇을 의미하는지 모르는 사람들도 있다. 예언사역을 통해 지속적으로 열매를 거두려면, 반드시 계시의 의미를 이해해야 한다. 해석의 본질은 깨달음(understanding)에 있다.

앞에서도 언급한 바와 같이, 예언적 말씀은 계시, 해석, 적용의 세 가지 요소로 이루어진다. 그중 해석은 예언에서 가장 중추적인 위치를 차지하는데, 하나님이 말씀하시는 바의 의미에 대한 깨달음을 내포하고 있다는 점에서 그러하다. 가장 많은 실수가 빚어지는 영역도 바로 해석 부문이다.

이번 장의 목적은 하나님이 사용하시는 상징의 형태를 설명하고, 계시를 해석하는 원리와 지침을 제공하는 데 있다. 우선은 논의의 근간을 이루는 몇 가지 진리들을 숙고해 보자.

하나님은 왜 은밀하게 말씀하시는가?

3장에서도 언급한 바와 같이, 하나님은 우리의 예상과는 전혀 다른 방법으로 말씀하신다. 하나님이 말씀하시는 다양한 방법들에 관해서는 이미 살펴보았다. 우리는 주님이 어떤 방법을 사용하시든 이를 알아차릴 수 있어야 한다. 그렇다면 왜 하나님은 이토록 특이한 방법을 쓰시는 것일까? 명료하고 분명한 목소리로 말씀하시지 않는 까닭은 무엇일까?

여기에는 몇 가지 이유가 있다. 그중 한 가지를 욥기에서 예언자다운 인물로 등장하는 젊은이 엘리후의 말 가운데에서 찾아볼 수 있다.

> 하나님은 한 번 말씀하시고 다시 말씀하시되 사람은 관심이 없도다 사람이 침상에서 졸며 깊이 잠들 때에나 꿈에나 밤에 환상을 볼 때에 그가 사람의 귀를 여시고 경고로써 두렵게 하시니 이는 사람에게 그의 행실을 버리게 하려 하심이며 사람의 교만을 막으려 하심이라 (욥 33:14-17)

주님은 우리가 주님께 더욱 가까이 가기를 원하신다. 주님이 낯설고 이상한 방법으로 말씀하기를 즐겨하시는 것은, 우리로 하여금 세속적인 일상에 대한 관심에서 벗어나 주님을 추구하는 자로 만드시기 위함이다. 우리에게는 하나님을 의지하기보다 독립적으로 살아가려는 경향이 있다. 그러므로 우리의 관심을 주님께로 향하게 하시기 위해서는 주님도 뭔가 독특한 방법을 사용하지 않으실 수 없다. 주님은 신비한 방법을 사용하심으로써 우리가 깨달음을 위해 주님을 추구할 수밖에 없도록 만드신다.

우리의 관심을 끌기 위해 주님은 종종 꿈이나 환상, 영감, 기타 다양한 영적 현상들을 사용하신다. 우리가 영적 현상에 매료되어 이를 탐구하기 시작할 때, 하나님은 우리에게 말씀하시고 주님의 임재 안으로 이끌어 주신다.

보기 위해 돌이키다

주님이 보여 주시는 영적 현상들을 탐구하기 위해 돌이키지 않는 자는 결코 하나님의 음성을 들을 수 없다. 주님은 모세를 불러 이스라엘의 구원자로서 애굽으로 돌아가라고 말씀하셨다.

> 모세가 그의 장인 미디안 제사장 이드로의 양 떼를 치더니 그 떼를 광야 서쪽으로 인도하여 하나님의 산 호렙에 이르매 여호와의 사자가 떨기나무 가운데로부터 나오는 불꽃 안에서 그에게 나타나시니라 그가 보니 떨기나무에 불이 붙었으나 그 떨기나무가 사라지지 아니하는지라 이에 모세가 이르되 내가 돌이켜 가서 이 큰 광경을 보리라 떨기나무가 어찌하여 타지 아니하는고 하는 그 때에 여호와께서 그가 보려고 돌이켜 오는 것을 보신지라 하나님이 떨기나무 가운데서 그를 불러 이르시되 모세야 모세야 하시매 그가 이르되 내가 여기 있나이다 (출 3:1-4)

모세는 40년 동안이나 광야를 맴돌며 양떼를 치는 삶을 살아 왔다. 어느 날 그는 불이 붙은 한 떨기나무를 보게 된다. 이상하게도 그 나무는 불이 붙었는데도 타서 없어지지 않고 있었다. 이 장면은 모세의 관심을 온통 사로잡았다. 마침내 그는 이 신비한 광경을 살펴보기 위해 일상을 뒤로하고 잠시 돌이켜 간다. 4절에서 주님은 그 광경을 보기 위해 돌이켜 오는 모세에게 말씀을 주셨다.

상호의존과 의존

하나님께서 흔치 않은 방법을 사용하시는 데에는 또 하나의 이유가 있다. 우리는 그리스도의 몸에 상호의존되어 있는 존재들이다. 주님은 우리가 이 사실을 깊이 깨닫게 되기를 간절히 바라신다. 대체로 계시를 받는 사람들은 최소한의 해석능력만을 가지고 있다. 반면 계시들을 잘 해석하는 사람들은 계시를 받는 능력이 부족하다. 하나님의 섭리를 이해하려면, 우리 모두가 온전한 조화를 이루어야 한다. 서로 협동하는 법을 배우지 못한다면, 주님이 우리를 위해 예비해 두신 것들 중 많은 부분을 놓치게 되고 말 것이다.

주님이 특별한 방법으로 말씀하시는 또 다른 이유가 있다. 주님의 말씀의 소중함을 늘 기억하게 하시기 위함이다. 주님이 모든 비밀들을 공개적으로 말씀하신다면, 우리는 더 이상 주님을 찾지 않게 될지도 모른다. 나아가 주님의 말씀의 참된 가치와 소중함에 대해 무지한 자가 될 수도 있다. 무엇이든 소유할 가치가 있는 것은 열심히 찾아내는 수고를 할 만한 가치가 있다. 말씀을 깨닫기 위해 열심히 주님을 추구할 때, 비로소 계시의 소중함을 알게 된다. "일을 숨기는 것은 하나님의 영화요 일을 살피는 것은 왕의 영화니라"(잠 25:2).

이러한 원리들의 가치를 잘 이해하고 존중하고 있었던 나로서는 이번 장을 기술하기가 몹시도 힘들었다. 상징의 목록과 해석의 방법을 제시하는 일에도 신중을 기하지 않을 수 없었다. 자칫 사람들로 하여금 하나님만 의지하게 하는 일에 걸림돌이 될 수도 있기 때문이다. 만일 이 책으로 인해 당신과 예수님의 관계가 소원해진다면, 예언사역자로 훈련시킨다는 미명하에 내가 당신에게 최악의 몹쓸 짓을 저지르는 셈이 된다.

그러므로 상징과 상징의 의미에 대한 종합적인 목록보다는 주님이 사용하신 상징 및 그 상징이 해석된 몇몇 사례들을 제시하고자 한다. 다만 하나님이 얼마나 다양한 상징을 써서 말씀하시는지는 스스로 깨닫게 되길 바란다. 상징을 사용하시고 해석하시는 주님의 원리가 무엇인지를 살펴보라. 제발 각각의 상징들이 '상용적으로' 갖는 의미를 암기하려 하지 말라.

보다 더 확실한 예언의 말씀

우리에게는 보다 더 확실한 예언의 말씀이 있다(벧후 1:19). 성경은 하나님이 우리에게 주신 가장 값진 선물이다. 유사 이래 수많은 사람들이 하나님의 말씀을 지키기 위해 순교를 당했다. 오늘날 우리말로 된 성경을 갖게 된 것은 이들의 순교 덕분이다. 우리는 기록된 하나님의 말씀의 가치를 최대한 존중해야 한다. 삶과 교리의 기반을 예언적 메시지가 아닌 하나님의 말씀인 성경에 두어야 한다.

또 한 가지 기억해야 할 것은 예언에 관한 모든 해석을 기록된 하나님의 말씀으로 걸러내야 한다는 것이다. 예언의 해석이 성경에 어긋나면, 이를 부정확한 것으로 판단해야 한다. 성경은 삶의 기초이자 예언의 기준이다. 교훈과 교리라는 미명 하에, 사람의 입에서 나온 예언의 메시지를 기록된 하나님의 말씀보다 우위에 두어서는 안 된다.

성경적인 상징

하나님이 사용하시는 상징의 첫 번째 유형은 성경적인 상징이다. 성경은 신앙생활의 기초이다. 하나님이 사용하시는 상징은 종종 성경에서 예언적 계시를 주시던 방법에 바탕을 두고 있다. 여기에는 몇 가지 이유가 있다. 첫째, 우리는 성경에 최고의 가치를 두어야 하며, 성경에 등장하는 상징들에도 친숙해질 필요가 있다. 둘째, 성경에 나오는 상징들의 안내를 받음으로써 기록된 하나님의 말씀과 친밀해지게 된다. 성경말씀은 우리 혼을 소성케 하는 힘의 원천이다.

앞에서 소개했듯이 한번은 어느 여성을 위해 기도해 주던 중 문득 눈처럼 흰 그녀의 손을 보게 되었다. 그 순간 내 머릿속에 이사야 1장

18절이 떠올랐다. 주님이 우리의 삶을 정결하게 해주신다는 말씀이었다. 잠시 후 다시 그녀의 손을 보자 어느새 정상적인 색깔로 돌아와 있었다. 하나님은 그 여성에게 그녀의 손이 죄로 물들어 붉은 것이 아니라 눈처럼 깨끗하다는 것을 알려 주고 싶어 하셨다. 내가 전해 준 메시지에 그녀는 눈물을 흘리기 시작했다. 하나님은 과거에 그릇된 오해로 인해 거듭해서 들어야 했던 비난으로부터 그녀를 자유케 해주셨다.

주님이 성경적인 상징을 사용하시는 데에는 이유가 있다. 상징이 언급된 성경구절에는 대체로 추가적인 격려나 계시가 병행되어 있기 때문이다. 어느 개인에게 예언적 계시를 전달해 줄 경우, 그 계시를 뒷받침할만한 성경구절을 함께 제시하면, 단순히 예언적 메시지만 전달해 주는 경우보다 격려의 에너지가 훨씬 배가되어 풀려난다.

성경적인 상징을 해석하려면, 기록된 하나님의 말씀을 잘 알아야 한다. 성경적인 토대가 잘 다져질 때까지 가능한 한 많은 시간을 투자하라. 하나님의 말씀은 단순히 계시 해석의 방편만이 아니다. 말씀이 우리 마음의 방패가 될 때, 삶을 놀랍게 변화시켜 줄 것이다.

장절로 제시되는 성경구절

주님은 종종 성경구절을 장과 절로 말씀해 주신다. 주님이 말씀해 주신 장절에 해당하는 성구의 의미가 파악되지 않을 경우에는 단락 전체를 살펴보라. 전체 맥락 속에서 특정 성경구절이 매우 강력한 메시지를 갖고 있음을 발견하게 될 것이다. 이는 문맥 속에서 해당 성구가 지닌 실제적인 의미일 수도 있고, '경건주의적인 방식'으로 해석된 의미일 수도 있다. 이러한 해석방식을 위해서는 반드시 해당 성구를 문맥에서 분리하여 주어진 상황에 맞게 구체적이고 문자적으로 적용하는 작업이 수반된다.

몇 년 전 한 훌륭한 크리스천 가족이 샤를로트에 이사 왔다. 그들은 우리의 새로운 교회 개척에 동참했지만, 아직 아무런 사역도 맡고 있지는 않았다. 당시에는 직장도 구하지 않은 상태였으나 재정적으로는 넉넉했다. 사실상 먹고 살기 위해 굳이 돈을 벌지 않아도 되는 사람들이었다.

전환의 시기를 지내는 동안 그들 부부의 영혼은 다소 수동적인 모습으로 변해 갔다. 그럴만한 이유가 전혀 없었음에도 불구하고, 그들의 믿음은 더 이상 전진하지 못하고 있었다. 그들은 자신들을 안내해 줄 예언의 말씀을 기다리면서, '앞으로 어떻게 살아가야 할 것인가'에 대한 해답을 찾는 데 모든 에너지를 쏟아 부었다. 얼마 지나지 않아 그들은 무기력한 상태에 빠져들어 갔다. 해야 할 일을 지시해 줄 주님의 음성을 듣기 위해 기다리는 동안 신앙마저 흔들리기 시작했다.

이들을 위해 기도하다가 나는 주님께 여쭤보았다. "주님! 그들이 앞으로 어떻게 해야 하나요?" 즉각적으로 나의 영 안에 주님의 음성이 들려왔다. "사도행전 22장 10절." 나는 이 성경구절의 내용을 확인하기 위해 직접 성경을 펼쳐보았다.

내가 이르되 주님 무엇을 하리이까 주께서 이르시되 일어나 다메섹으로

들어가라 네가 해야 할 모든 것을 거기서 누가 이르리라 하시거늘

주님이 주신 이 장절에 나의 친구들이 가진 질문과 해답이 모두 들어 있었다. 처음에 나는 왜 주님이 이 말씀을 주셨는지 알지 못했다. 적어도 그들에게 다메섹으로 가라고 하시는 말씀은 아니었다. 그래서 나는 다메섹의 의미를 찾아보았다. 사전에서 다메섹은 '활동성 혹은 활동'이라는 뜻을 가진 단어였다. 주님은 그들 부부에게 이렇게 말씀하는 중이셨다. "일어나서 일을 시작하라. 너희들이 일단 일을 시작한 후에라야 너희에게 예정된 모든 일에 대한 해답을 알려 주겠다."

성경의 모든 단어와 고유명사들은 의미를 가지고 있다. 이런 까닭에 나는 성경 고유명사 사전을 늘 휴대하고 다닌다. 예언적인 상황에서 주님이 고유명사를 주실 때를 대비하기 위함이다. 주님은 성경의 '장절'을 통해 매우 다양한 방법으로 우리에게 말씀하신다.

내가 처음 신앙생활을 시작했을 무렵의 일이다. 주님은 나에게 매일 새벽 네 시에 일어나지 않으면, 그날에 들려주실 주님의 말씀을 놓치게 될 것이라고 하셨다. 나는 매일 새벽 네 시에 기상하는 문제에 대해서는 별로 놀라지 않았다. 나는 다만 주님의 말씀을 확증시켜 달라고 요청했다. 15분쯤 지나자 주님은 나에게 성경의 장절을 말씀해 주셨다. 에스겔 12장 8절이었다. 성경을 찾아보니 다음과 같은 내용이었다. "아침에 여호와의 말씀이 또 내게 임하여 이르시되"(겔 12:8).

이는 내가 예상치 못했던 말씀을 통해 강력한 확증을 받은 사례이다. 나는 더 이상 아니라고 부인할 수가 없었다. 그러나 여기에는 주의

사항이 있다. 이것은 놀이처럼 단순히 성경을 무작위로 펼쳐보는 것이 아니다. 마치 제비 뽑듯 성경구절을 뽑아 올리는 게임이 아니라는 말이다. 주님께서 장절을 말씀해 주셨다고 확신하여 성경을 찾아보았으나 해당구절이 없을 때, 당신이 들은 말씀은 부정확한 것이다. 또한 받은 성경구절의 뜻이 이해되지 않을 때에는 그 구절에 관해 더 많은 연구를 해보아야 한다. 때때로 우리는 주님의 영이 아닌 우리 자신의 영의 소리를 들을 때도 있다!

현대적인 상징

현대적인 상징의 출처는 성경이 아니라 현대의 삶 그 자체이다. 현대적인 상징은 우리의 일상생활이나 사회 안에서 통용되는 의미를 지닌 것들을 통해 메시지를 전해 준다. 예수님의 비유들도 당시 이스라엘의 일상적인 삶을 소재로 하고 있다. 이와 마찬가지로 오늘날에도 하나님은 현대적인 상징들을 사용하여 말씀하신다.

예를 들어 사역을 설명하기 위해 주님이 자주 사용하시는 상징은 오토바이, 자동차, 버스, 트럭, 비행기 등이다. 물론 이러한 상징들은 성경에서는 언급되지 않는다. 성경시대에는 존재하지 않던 물건들이기 때문이다. 오늘날 우리에게 의미가 있는 이 사물들의 공통점과 차이점이 무엇인지 살펴보자.

이것들은 모두 운송수단이다. 주님이 나에게 꽤 일관되게 보여 주시는 것이 하나 있는데, 바로 사람들이 어떤 은사와 사역으로 부름 받았는지에 관한 것이다. 주님이 운송수단을 상징으로 사용하실 때는, 부르심을 받은 사람들이 각각 서로 다른 기능을 감당하는 사역의 수단들을 받았음을 말씀하시는 경우이다. 자동차는 지역교회에서의 목회나 개인 목회를 의미한다. 반면에 버스는 회중이나 사역기구를 의미할 수 있다. 버스는 사람들을 단체적으로 실어 나를 때가 많기 때문이다. 비행기는 다른 운송수단들에 비해 여행경로가 가장 광범위하다. 그러므로 비행기는 전국적인 사역 혹은 국제적인 사역을 의미할 수 있다.

오토바이는 주로 예언사역을 상징하는 도구로 사용되어 왔다. 그 이유는 매우 다양하다. 오토바이를 타면, 시야가 확장되고 가속도가 붙고 기동성이 높아진다. 높은 속도에서도 극도의 안전성이 확보되는 반면, 보호성은 떨어진다. 오토바이를 탄 사람은 오토바이를 타고 가는 동안 환경의 변화에 민감하다. 이것들은 모두 예언사역을 하는 사람들에게서 찾아볼 수 있는 표지들이다.

사례 1

한 컨퍼런스에서 우리 예언사역 팀에 속한 한 여성이 오십대쯤 되어 보이는 부부를 위해 사역하고 있었다. 사역 중에 그녀는 비행기가 이륙하는 환상을 보았다. 그녀는 그들에게 인생 최고의 시절이 도래할 것이며, 앞으로 국제적인 복음전도사역으로 부름 받게 될 것이라고 말해 주었다. 이 말을 듣는 두 부부의 눈에서는 눈물이 주르르 흘러내렸다. 그들은 자신들의 이야기를 들려주었다. 남편은 이제까지 20여 년을

TWA 항공사의 비행기 조종사로 일해 왔는데, 은퇴를 한 달 앞두고 전임 복음전도자 사역을 준비하고 있었다.

이 사례에서 하나님은 우리 팀의 멤버가 잘 이해하고 있는 상징을 사용하셨다. 그 부부에게 있어서도 비행기는 특별한 의미가 있었다. 그들에게 비행기는 매우 개인적인 의미를 지니고 있었고, 그들의 부르심을 예언적으로 말해 주었다. 결국 그들은 예상치 못한 확신을 얻게 되었다. 이 확신이야말로 그 순간 그들이 필요로 하던 것이었다. 비행기는 전국적인 사역 혹은 국제적인 사역을 의미했다. 비행기가 이륙하는 모습은 이들이 이제 막 사역에 착수하려 함을 상징했다.

사례 2

하나님이 사용하시는 또 다른 강력한 현대적 상징은 꿈이다. 나의 형 에디는 몇 년 전에 한 꿈을 꾸었다. 꿈속에서 나의 형은 입사 인터뷰를 받기 위해 어느 회사에 갔다. 무슨 직장인지는 알 수가 없었다. 한 남성이 형에게 나타나 이렇게 말했다. "이제껏 당신을 기다리고 있었소." 그는 나의 형을 데리고 넓은 방으로 갔다. 그곳은 식당으로 사용되고 있었는데, 이미 많은 사람들이 자리에 앉아 식사를 하고 있었다.

형은 그 사람에게 자신이 앞으로 해야 할 일이 무엇이냐고 물었다. 그 신사는 형에게 이렇게 대답했다. "당신은 이 사람들을 먹여 살려야 합니다." 이 말에 형은 반발했다. "저는 이제까지 이렇게 많은 사람들에게 음식을 제공해 본 일이 한 번도 없습니다. 어떻게 그 일을 해야 할지도 전혀 모릅니다." 바로 그 순간 에디는 식당에 앉아 있는 사람들 속에서 아버지를 발견했다. 실제로 나의 아버지는 수년 동안 교회에서 수많은 사람들을 위한 먹거리를 제공해 오셨다. 에디는 자신은 이 일을 할 수 없지만, 아버지라면 가능할 것이라고 말했다. 그러자 그가 빙그레 웃으며 이렇게 응수했다. "맞습니다. 당신의 아버지가 당신을 도울 것입니다."

나의 형은 그에게 자신이 먹여 살려야 할 사람이 도대체 몇 명이냐고 물었다. 그러자 그가 대답했다. "처음에는 181명입니다. 그러나 나중에는 500명을 먹여 살려야 합니다." 바로 그때 한 신사가 자리에서 벌떡 일어나 손에 기타를 들고는 컨트리 뮤직을 연주하기 시작했다. 나의 형이 그에게 말했다. "저는 컨트리 뮤직을 아주 싫어해요!" 그러자 그 사람은 서둘러 컨트리 뮤직을 끝냈다. 바로 그 장면에서 꿈이 끝났다.

이 꿈을 꾸었을 무렵, 나의 형은 성공한 사업가였다. 그러나 그는 자신이 사역에 부름 받았다는 사실을 알고 있었다. 꿈을 꾸기 몇 주 전, 형은 한 이웃마을의 작은 시골 교회로부터 담임목회자 제의를 받은 일이 있었다. 이 제안에 대해 형은 스스로를 부적격자라고 느꼈다. 목회사역을 해본 적도 없었고, 사역 자체에 대한 경험도 거의 전무했기 때문이다. 그래서 선뜻 수락하지 못하고 있었다.

꿈에서 깨어났을 때, 형은 주님이 자신을 그 시골 교회의 목사로 부르고 계시다는 것을 깨달았다. 마침내 그 제안을 수락한 후, 형은 한 가지 놀라운 사실을 전해 들었다. 당시 그 교회의 성도수가 정확히 181명이었던 것이다! 꿈속에서 그가 먹여 살려야 한다고 들었던 인원수와 정확히 일치했다.

이 꿈에서 주님이 사용하신 상징이 나의 형의 실제 상황과 얼마나 완벽하게 맞아떨어졌는지 생각해 보라. 에디가 받은 제안은 사람들을 먹여 살리는 일이었다. 목회자의 뜻이 '먹이는 자'임을 감안할 때, 이는 성경적인 상징이다. 식당은 성경적인 상징은 아니고 현대적인 상징이다.

꿈속에서 에디는 식당에 앉아 있는 아버지의 모습을 보았다. 에디는 아버지라면 그 일을 할 수 있을 거라고 생각했다. 그러나 자신이 그 일을 제대로 할 수 있을지는 의문이었다. 꿈속에서 그 남성은 아버지가 에디를 도와줄 것이라고 말했다. 이는 우리 육신의 아버지가 에디와 함께 목회하게 된다는 뜻이 아니었다. 다만 우리의 하늘 아버지가 하나님의 뜻이 이루어지도록 에디를 도와주실 것임을 의미했다. 이 꿈에서 육신의 아버지는 하늘 아버지에 대한 상징이었다.

에디의 꿈은 상징들의 연속으로 이루어져 있었다. 나의 형은 실제로 컨트리풍 음악을 싫어했다. 하나님은 에디가 시골 교회로 가는 것을 원치 않고 있음을 잘 알고 계셨다. 물론 형이 좋아하건 싫어하건, 하나님의 뜻에는 변함이 없었다. 다만 하나님은 에디가 품고 있는 마음 자체를 인정해 주셨다.

나의 형이 시골 교회의 목회자 자리를 받아들인 후 주님은 그 교회를 축복해 주셨고, 그들은 새로운 생명과 성장을 경험했다. 꿈에서 컨트리 뮤직은 순식간에 끝이 났는데, 이것도 하나의 상징이었다. 에디가 그 교회에서 목회한 기간은 겨우 16개월이었다. 그 후 에디는 대도시 지역에서 교회를 개척하기 위해 그곳을 떠났다. 새로 개척한 교회의 성도수는 에디가 목회자로 섬긴 지난 8년 동안 50명에서 400명으로 불어났다.

에디는 지금도 여전히 그 꿈을 통해 통찰과 깨달음을 얻고 있다.

꿈을 통해 받은 말씀대로 자신에게 맡겨진 임무는 성도 500명을 달성하는 것이라고 믿고 있다.

영감 해석하기

하나님은 많은 사람들에게 몸으로 느껴지는 영감(impression)을 통해 말씀하신다. 여기에 관한 내용은 앞에서 이미 살펴보았다. 사역 초창기에 주님은 몸으로 느껴지는 서로 다른 영감들을 통해 정서적 혹은 영적인 갈등들을 분별하고 인지해 내는 방법을 훈련시켜 주셨다. 이러한 영감들 중에는 성경적 기반에서 해석해야 하는 것들도 있고, 현대적인 사실에 근거해서 해석해야 하는 것들도 있다.

누군가를 위해 기도해 주면서 종종 왼쪽 어깨뼈에 타는 듯한 고통스러운 감각을 느낄 때가 있다. 처음 이런 방식으로 영감을 받았을 때는 도대체 무슨 뜻인지 이해할 수가 없었다. 나중에야 주님이 보여 주셔서 알게 되었는데, 이는 대부분 절친했던 사람으로부터 치명적인 배신을 당해 상처를 받은 사람의 경우였다. 이러한 신체적인 감각은 말 그대로 '등을 찌르는' 듯한 고통과도 같았다. '등을 찌르다'는 배신을 뜻하는 비유적 표현이다. 이것이 바로 해석의 기초이다.

어떤 경우에는 담낭 부위에 영감이 느껴질 때도 있다. 처음으로 담낭 부위에 영감이 왔을 때, 나는 성경에서 담낭이 쓰라림을 의미하고 있음을 알게 되었다(렘 9:15, 행 8:23). 이러한 경우, 사역을 받고 있는 이들이 실제로 고통스러운 상황 혹은 앞으로 고통스러워질 수도 있는 상황을 통과하는 중이었다. 이때 나는 그들이 비통함을 가지고 있는 것에 대해 비난하지 않는다. 오히려 상황에 관해 잘 설명해 준 뒤, 용서를 통해 그 과정을 잘 극복하도록 격려해 준다.

개인적인 상징

하나님은 개인적인 상징을 통해서도 말씀하신다. 이는 우리 문화 안에서 쉽게 찾을 수 있으면서도, 경험에 따라 개인적으로 특별한 의미를 가질 수 있는 상징을 말한다. 나에게도 나만의 독특한 경험으로 인해 매우 중요한 의미를 지닌 장소, 사건, 물건들이 많이 있다. 물론 나에게 의미 있는 것들이 상대적으로 타인에게는 전혀 무가치한 것일 수도 있다.

언젠가 한 부부를 위해 기도해 준 적이 있었다. 그 부부는 예언사역에 관해 들어 본 일조차 없었다. 우리 교회 모임에 참석한 것도 그날이 처음이었다. 기도를 해주는데, 문득 골프채 하나가 내적 환상으로 스치고 지나갔다. 당시 골프를 칠 수 있었기 때문에 환상의 내용을 매우 구체적으로 알 수 있었다. 환상에서 보인 것은 나무로 만들어진 '드라이버'(driver)라는 이름의 골프채였다. 그 밖에도 기도사역 가운데 그 부부에 대한 구체적인 메시지들을 받았다.

나는 골프채 환상의 의미에 관해 곰곰이 생각해 보았다. 그런데 문득 주님께서 그 부부 중 한 명이 전문적인 '운전수'(driver)라고 말씀하셨다. 내가 이 사실을 그들에게 이야기하자 그들은 깜짝 놀란 표정을 지었다. 알고 보니 남편이 불도저 운전수였다. 아주 단순해 보이는 한 편의 계시로 그들이 마음을 열었고, 마침내 그들은 주님이 주신 다른 계시들도 받아들였다.

누군가를 위해 기도해 주다가 옆에 개가 서 있는 환상을 보기도 하였다. 성경에서 개는 늘 부정적인 뜻으로만 언급되는 편인데, 개인적으로 나는 개를 무척 좋아한다. 나에게 있어 개는 우정, 충성, 성실을 의미한다. 기도사역 도중 개의 환상이 보이면, 나는 하나님께서 기도 받는 이를 위해 충성스럽고 성실하며 진실한 친구를 붙여 주셨다고 격려해 준다.

물론 무서운 표정으로 으르렁거리는 개의 환상은 경우가 다르다. 이런 개가 공격적인 자세로 버티고 서 있는 환상이 보이면, 나는 기도 받는 이에게 충성과 성실에 관한 예언이 아닌 경고의 메시지를 전해 준다.

길고 구불구불한 길

때때로 해석에 이르는 길은 험난하고도 길다. 언젠가 오랜 시간의 만남 끝에 한 청년에게 기도사역을 해주고 있었다. 그런데 갑자기 나의 치아에 아주 부드러운 느낌이 감지되었다. 마치 치아 중 하나가 뽑혀 나가는 느낌이었다. 몇 해 전, 주님이 관계에 관한 메시지를 위해 상징으로 치아를 사용하신 적이 있었다. 그때의 일을 곰곰이 반추하고 있는

데, 주님께서 이 청년의 삶에 어떤 관계가 상실되었으며 그가 그 일로 인해 많은 의문을 품고 있다고 말씀해 주셨다. 나는 주님이 계시해 주신 내용과 그 해석을 토대로 그에게 예언사역을 시작했다.

나는 이렇게 말했다. "하나님이 당신의 삶에서 어떤 관계를 제거하셨습니다. 관계가 그렇게 된 것은 하나님의 뜻입니다. 당신은 그 일을 생각하며 매우 의문스러워하고 있지만, 이 모든 일을 주관하신 분은 하나님이십니다." 나의 말에 청년의 얼굴은 빨갛게 달아오르기 시작했다. 하나님의 권능이 임하면서 호흡도 빨라졌다.

그 사이 주님은 나에게 그를 향한 원수의 구체적인 책략 세 가지를 분별을 통해 보여 주셨다. 이 책략들로 인해 그는 맡겨진 사역을 성취하지 못하게 될 수도 있었다. 나는 그의 삶에 도사리고 있는 원수의 세 가지 책략들이 파쇄되게 해달라고 기도했다. 그러자 내가 지켜보는 앞에서 그의 표정이 순식간에 달라졌다.

나중에 그와 함께 이야기할 기회가 있었는데, 그가 들려 준 이야기는 매우 놀라웠다. 한때 그는 예쁜 크리스천 아가씨와 교제했다. 결혼할 마음까지 먹고 있었으나, 그들은 관계를 지속하는 것이 하나님의 뜻이 아니라는 것을 깨달았다. 결국 그들은 만남을 중단할 수밖에 없었다. 그녀와 헤어진 후 그 청년의 마음속에 수많은 의문들이 솟아났다. 주님이 그의 삶에서 제거하신 관계란 바로 이 일에 관한 것이었다. 그의 이야기는 거기서 끝나지 않았다.

그는 생후 3개월 무렵 아버지의 비극적인 죽음을 맞이해야 했다. 바로 그 시점에 그 청년 안에는 거절감, 버림받음에 대한 두려움, 우울의 영이 들어왔다. 나이를 먹어감에 따라 아버지의 비극적 죽음으로 인한 상처를 통해 원수가 그 청년 안에 일정한 발판을 마련하기 시작했다. 그러던 중 세월이 흘러 파혼을 겪게 된 이후부터 그는 다시금 세 가지 이슈들, 곧 거절감, 버림받음에 대한 두려움, 우울증에 시달리기 시작했다.

주님께서 그의 삶에서 제거하신 관계에 관해 예언사역을 하는 동안, 그에게서 세 가지 이슈들의 정체가 드러났다. 우리는 그의 삶을 향한 사단의 책략을 파쇄하는 기도를 드렸다. 그 즉시 그는 크리스천으로서 이전에 맛볼 수 없었던 승리를 체험하였다. 현재 그는 성장일로에 있는 한 교회에서 청년부 담당목사로 섬기고 있다.

이 사건을 통해 나는 주님에 대한 형언할 수 없는 큰 경외감을 갖게 되었다. 나의 치아에 주신 작은 느낌이 마침내 축사를 통해 한 청년의 삶을 주님의 섭리 가운데로 이끌어 주었다. 나에게는 계시를 깨닫는 예민함도 필요했고, 계시를 해석하고 적용하기 위한 성경 지식 및 주님의 섭리에 대한 깨달음도 필요했다. 이 모든 것들이 적절하게 조화를 이루어 한 청년을 치유와 축사로 인도했다.

심볼 혹은 심벌즈

독자들 중에는 방금 전에 소개한 사례에서 왜 치아가 관계를 상징하는지 궁금해하는 있는 분이 있을지도 모르겠다. 아가서 4장 2절과 6장 6절은 신부의 이(teeth)를 양떼로 표현한다. "네 이는 목욕장에서 나온 털 깎인 암양 곧 새끼 없는 것은 하나도 없이 각각 쌍태를 낳은 양 같구나"(아 4:2). 일반적으로 성경에서 양은 사람을 상징한다. 또한 무리는 사람들의 모임 혹은 관계들을 의미한다.

왜 주님은 간단히 '관계의 문제'라고 하지 않으시고 이같이 복잡해 보이는 방식을 사용하신 걸까? 그러나 주님의 방법은 매우 효과적이었다. 주님은 이미 거의 십년 전부터 나와 아내에게 치아의 상징을 통해 말씀해 주셨다. 주님이 이처럼 개인적인 의미로 상징을 사용하실 때는, 미세한 소리가 아닌 상당히 큰 음성을 들려주시는 경우이다. 이때 심볼(상징)은 '심벌즈'가 된다. 심벌즈란 궁극적으로 하나의 핵심을 향해 수렴되어 가는 커다란 외침이다.

상징의 의미

계시를 해석하는 데는 여러 가지 일반적인 지침들이 사용된다. 여기에는 결코 확고부동한 패턴이나 일정한 공식이 존재하지 않는다. 주님은 모든 이에게 동일한 상징으로 동일한 메시지를 주시지는 않는다. 다만 많은 예언사역자들이 공통적으로 사용하는 몇 가지 상징들은 있다.

밥 존스와 함께 사역을 시작했을 때, 나는 주님이 동일한 상징으로 우리에게 메시지를 주고 계셨다는 사실을 알게 되었다. 신체의 특정 부위에 느껴지는 어떤 영감들에 대해 우리 모두가 동일한 의미로 해석하고 있었다. 이러한 상징들 대부분은 성경적인 근거를 가지고 있었다. 예를 들어 우울증이나 신앙생활에서 받는 공격, 종교적인 영을 분별하는 데 사용되는 상징들은 동일했다. 해석에 있어 성경적인 근거가 없는 영감들은 현대적인 소재를 근거로 하여 해석하였다.

전혀 낯선 개인이나 부부를 위해 기도사역을 할 때마다 나는 어떤 집의 지붕을 볼 때가 많다. 이때 주님은 그들이 보호막에 싸여 있다는 감동을 주신다. 나는 감동을 받는 대로 그들에게 예언해 준다. 성경 전반에 걸쳐 '지붕'은 보호와 안전을 의미한다.

이제까지 기도사역 중 지붕이 보였던 사람들에게는 공통점이 있었다. 이들은 일찍이 교회나 교회 지도자와의 적절한 관계를 지나치게 강조하는 그룹에 속한 경험이 있었다. 그 교회의 지도자들은 만일 그들이 특정한 모임을 떠나가면 실패하게 될 거라고 말하였다. 이런 경우 주님은 예언적 의미를 지닌 지붕의 상징을 통해 그들에게 전가된 저주를 파쇄하셨고, 주님의 진리와 자유 안에서 그들을 해방시켜 주셨다.

이제는 침대의 상징에 관해 살펴보기로 하자. 이제까지 내가 보아 온 침대들은 주로 두 종류였다. 심하게 몰아치는 폭풍우 한복판에 완벽하게 구비되어 놓여 있는 침대, 혹은 마구 어지럽혀 있는 침대이다. 이러한 상징들은 비교적 해석이 쉽다. 심한 폭풍우 한복판에 놓여 있는 완벽하게 구비된 침대는, 주님이 그 사람에게 폭풍우와 같은 힘든 시기 속에서도 평안을 주신다는 메시지이다(침대는 안식의 장소이다). 마구 헝클어진 침대는 원수가 그 사람에게서 주님 안에서 쉴 수 있는 힘, 평안을 누릴 수 있는 능력을 빼앗으려 한다는 것을 의미한다.

예언적 계시를 해석하려면, 반드시 성경에 나타난 상징들과 개념들의 의미를 이해하고 있어야 한다. 그러나 상징과 상징이 가진 의미의 목록을 갖추는 것보다 훨씬 더 중요한 것이 있다. 그것은 바로 성경말씀 전반에 대한 이해와 지식을 구비하는 일이다. "보혜사 곧 아버지께서 내 이름으로 보내실 성령 그가 너희에게 모든 것을 가르치고 내가 너희에게 말한 모든 것을 생각나게 하리라"(요 14:26).

성령님은 해석을 도우시는 분이다. 성령님은 성경에 나오는 사례들을 생각나게 해주신다. 예언적 계시를 정확하게 해석하는 근간은 바로 하나님의 말씀을 알고 깨닫는 것이다.

세부적인 항목과 특징들의 차이를 발견하라

주님이 주시는 환상, 꿈, 영감에서는 각각의 세부적인 사항들이 모두 중요한 의미를 갖는다. 환상에서 손이 보였다면, 오른손인지 왼손인지를 확인하라. 영감을 받았다면, 그 영감이 '어떻게 느껴지는지' 살펴보라. 이러한 차이를 구분하는 것이 해석의 차이를 가져온다. 가장 정확하게 해석을 하는 것이 우리의 목적이다. 세세한 부분까지 살펴봄으로써 결정적인 단서를 얻게 될 때가 많다.

'분별하다'(discern)는 '서로 간의 차이를 구분하다'라는 뜻의 단어이다. 세세한 차이를 구분하는 능력은 올바른 해석을 위해 매우 중요하다. 오른손의 환상과 왼손의 환상은 전혀 다른 메시지를 의미할 수 있다. 이에 관한 몇몇 사례를 다음 장에서 다룰 것이다.

말은 칼보다 강하다

3장에서 언급했듯이, 하나님은 '언어유희'를 통해서도 말씀하신다. 예레미야 1장 11-12절을 예로 들어 보자. 이는 해석을 둘러싸고 논쟁을 벌이려는 것이 아니라 하나님께서 메시지의 핵심을 강조하시기 위해 생생한 그림언어를 사용하신다는 사실을 설명하기 위함이다.

몇 해 전, 우리 도시에 있는 지역교회의 목사님들과 처음 만나기 시작했을 때의 일이다. 약 1년쯤 지났을 때부터 하나님의 역사가 나타나기 시작했다. 연합모임을 지원하기 위해 수많은 성도들이 모여들었다. 주님은 모임을 통해 권능으로 역사하셨다.

그 후 얼마 지나지 않아 이 모임을 실제적으로 주도해 오던 목사님이 누군가에게 배신을 당했다. 그 모임의 주도권을 노리고 있던 목사님으로부터 당한 것이었다. 당시 모든 목사님들이 이 사건을 수수방관했다. 나는 실제로 이 사건의 전모를 목격하지 못했으나 주님께서 나에게 그 상황을 예언적으로 계시해 주셨다.

당시의 상황을 처리해야 할 사람은 바로 나였다. 내가 존경하는 그 목사님들은 모두 나보다 열 살 이상 많았다. 나는 마음이 불편하긴 했지만, 용기를 내어 주님께 받은 예언적 계시와 경고를 그들에게 솔직하게 들려주었다. 그들 대부분은 나와 나의 예언적 메시지를 비난했다.

결국 나는 그 모임을 떠나야 했고, 원수는 나를 비난하기 시작했다. 나는 불화를 일으키는 자, 불순종하는 자, 비판적인 자라는 말을 들었다. 차라리 잠자코 있으면서 그들이 계획하던 연합모임을 지원했더라면 좋았을지도 모르겠다는 후회마저 들 정도로 내 생각은 원수에 의해 이리저리 요동치고 있었다.

그날 저녁 예언에 관한 강의를 하고 있을 때, 강의에 참석한 한 사람이 나에 관한 환상을 보았다. 나를 위해 기도하는데, 마차의 바퀴 그림이 보였다고 했다. 나는 이 환상이 주님이 주신 것임을 깨달았다. 다만 무슨 뜻인지 해석이 잘 되지 않았다. 우리는 마음을 모아 이 환상의 해석을 알려 달라고 기도하기 시작했다. 잠잠히 주님의 응답을 기다리는데, 갑자기 한 젊은 여성이 소리쳤다. "당신은 늘 솔직하게 말씀합니다"(You are out-spoken). 그 순간 주님의 임재가 홀 안을 가득 채웠다.

마차의 바퀴는 일련의 바퀴살들로 이루어져 있다. 바퀴살들은 중심축을 기준으로 바깥쪽을 향해 뻗어 있다. 이 환상은 주님이 나를 마치 바깥쪽을 향해 뻗은 마차 바퀴처럼 만드셨다는 뜻을 담고 있었다. 강의를 듣는 학생들은 당시 내가 처한 상황에 관해 전혀 모르고 있었다. 그러나 주님은 그들을 통해 나를 향한 원수의 비난들을 잠잠케 해주셨다. 덕분에 내 안에 품고 있던 많은 의문들도 풀렸다.

그로부터 일주일이 채 안 되었을 때, 내가 그 목사님들에게 전해 주었던 경고의 메시지는 실제로 이루어졌다. 주님은 담대하게 선포하는 일로 나를 부르셨다. 이 사건은 이런 나의 부르심과 관련하여 치러야 했던 최후의 싸움이었다. 주님은 언제나 담대하고 분명한 음성으로 말씀하신다. 나 역시 마찬가지이다.

큰 그림을 놓치지 말라

계시의 세부항목을 살피는 것도 중요하지만, 자잘한 부분에 치중하다가 정작 주님이 주시려는 메시지를 놓쳐서는 안 된다. 때때로 세세한 부분들은 전체적인 메시지 혹은 보다 큰 밑그림에 비해 덜 중요할 수도 있다. 당신이 언제나 '상세한 사항과 특징들의 차이'를 발견하는 전략만 고집한다면, 주님도 방법을 바꾸신다. 이때 계시의 세세한 부분들은 전체적인 해석에 있어 상대적으로 중요성이 떨어질 수가 있다. 꿈의 경우, 주님은 종종 이런 방법을 사용하신다.

어느 날, 우리 교회 한 목사님의 사모님이 꿈을 꾸었다. 꿈을 꾼 후 그녀는 걱정에 사로잡혔다. 꿈에서 그녀는 여덟 살짜리 딸아이가 운전하는 미니밴의 뒷좌석에 타고 있었다. 그 딸은 예언의 은사를 가지고 있었는데, 신세대 사역자인 그 아이를 통해 꿈과 환상에 대한 예언사역을 받은 사람들이 많았다.

꿈에서 운전 중 우연히 사고가 났다. 사고에 대한 과도한 반응 때문에 딸이 몰던 밴은 통제력을 잃고 헛바퀴를 돌았다. 뒷자리에 있던 그 사모님은 앞자리로 쏜살같이 옮겨 탔다. 충돌사고가 나지 않도록 차체를 제어하기 위해서였다. 결국 밴은 도랑 속에 조용히 멈춰 섰다. 뒷좌석에서 앞쪽으로 옮겨 탈 때, 사모님의 내면에서는 두려움이 일고 있었다. 괜히 어린 딸에게 운전대를 넘겨주었다가 면허정지를 당하는 건 아닌가 하는 두려움이었다. 꿈은 거기에서 끝났다.

우리 교회의 한 예언사역자 그룹은 이 꿈을 해석하기 시작했다. 그들은 꿈을 조목조목 나누고 해석의 원리를 적용했다. 꿈에 등장한 각각의 상징들의 의미를 해독함으로써 전체적인 메시지에 도달하려는 방법이었다. 내가 그들의 방에 들어가는데, 혼동이 감지되었다. 나는 그들의 작업을 중단시켰다. 그리고 함께 기도하자고 제안했다. 모두가 주님의 응답을 기다리고 있을 때, 한 사람이 다음과 같은 말씀을 받았다. "명백하게 드러나는 것은 무엇인가?" 이는 주님이 주신 꿈 해석의 실마리였다.

우리는 서로 다른 세세한 상징들의 조각들을 한데 모으려는 시도를 중단했다. 그리고 그 꿈에서 명백하게 드러나는 것이 무엇인지 살펴보기 시작했다. 우리는 재능이 아무리 많아도 여덟 살짜리 아이에게 운전을 시켜서는 안 된다는 사실을 발견했다. 이 아이가 종종 젊은 신세대 예언사역자로서 사역한 일이 있었기에, 결국 우리는 이 꿈을 통해 다음과 같은 해석에 도달했다. "신세대 예언사역이 사역을 주도해 가도록 방치하지 말라." 우리가 발견한 것은 단순하지만 아주 심오한 진리였다. 우리는 상징의 의미를 놓고 벌이던 끝없는 논쟁을 중단했다.

그 밖에도 이 꿈은 여러 가지 세부적인 부분들로 이루어져 있다. 그러나 이 꿈의 경우 세세한 부분들은 그다지 중요하지 않았기 때문에 일일이 소개하지는 않겠다. 아무리 세세한 내용을 담고 있었다 할지라도, 주님이 이 꿈을 통해 우리에게 주시려는 메시지는 한 가지였다. 예언사역자는 방향을 제시하는 일에 부름 받은 사람일 뿐 주도권을 쥐는 일에 부름 받지 않았다.

　나무(세부적인 사항들)만 보다가 숲(전반적인 메시지)을 놓쳐서는 안 된다. 물론 세부적인 사항들도 중요하다. 그러나 세세한 사항들은 단지 핵심을 전달하기 위한 보조적인 수단일 뿐, 주님이 의도하신 메시지는 아니다. 세부적인 사항들에 함몰되지 말라.

맥락의 중요성

　기타 꿈과 환상의 해석에서 반드시 고려해야 할 여러 요소들이 있다. 계시를 올바르게 해석하려면, 꿈 전체가 하나님으로부터 온 것일 경우, 세세한 부분의 해석을 전체적인 맥락의 해석과 분리시켜서는 안 된다(대체로 꿈의 일부만이 하나님으로부터 온 것일 때가 많다).

　어느 날 한 친구가 내 사무실에 잠깐 들른 적이 있었다. 최근에 그는 어떤 꿈을 꾸었는데, 꿈속에서 축구경기를 하고 있었다. 그는 두 번이나 다른 사람이 골을 넣도록 도와주었고, 한 번은 자기 스스로 득점하였다. 꿈속에서 그는 너무 흥분한 나머지 손으로 공을 강하게 내리쳐서 골인을 시켰다. 그러나 축구에서 손을 사용하는 것은 반칙이기 때문에 결국 점수를 얻지는 못했다. 꿈은 여기서 끝났다.

　나의 친구는 이 꿈이 복음전도에 관한 것이라고 이해했다. 주님은 그에게 직접적으로 영혼구원사역에 나서든지, 아니면 다른 복음전도자를 도와주라고 말씀하고 계셨다. 득점을 하고 남이 골을 넣도록 도와준 꿈의 내용은 바로 이런 의미를 지니고 있었다(바로 한 주 전에 그는 한 영혼을 그리스도께 인도하였다. 그리고 다른 두 사람을 구원하는 일에 도움을 준 적도 있었다). 그는 이렇게 말했다. "사람들을 구원시킬 수만 있다면, 속임수를 써서라도 사명을 감당하라는 메시지가 아닐까요?" 그는 꿈속에서 자신이 손으로 공을 내리쳐 골인시킨 것에 대해 이런 식으로 해석하고 있었다.

나는 마지막 부분만 제외하고는 그가 제시한 해석에 모두 동의했다. 그러나 꿈속에서 반칙을 했을 때 득점하지 못한 점을 지적해 주자 그는 깜짝 놀랐다. 결국 겸손한 그는 전체적인 맥락에서 마지막 부분에 대한 자신의 해석이 적절치 못했음을 인정했다. 곧이어 우리는 이 꿈을 재해석했다. 이 꿈은 왜 교회 안에서 그토록 많은 사람이 구원을 받았다고 하면서도, 최종적인 목적을 이루는 데까지 나아가지 못하는가에 관해 계시해 주고 있었다. 사람의 손을 개입시킨 것이 원인이었다. 사람의 손을 개입시키는 것은 반칙이다!

성경구절을 문맥과 분리시켜 해석할 때 오역이 될 수 있듯이, 예언적인 계시의 경우도 같은 문제가 생길 수 있다. 맥락은 보다 더 큰 그림의 일부이다. 계시를 해석할 때마다 이 사실을 반드시 명심하라. 그렇다고 해서 '늘 전체적인 맥락만 살피려는' 수법만 고집하지는 말기 바란다. 시종일관 우리가 의지해야 할 분은 오직 하나님이시다.

인간의 논리를 뛰어넘는 해석들

하나님이 사용하시는 상징의 해석이 언제나 논리적인 것만은 아니다. 주님의 계시를 이해하는 데 한 가지 어려움이 있다면, 어떤 것들은 논리적이거나 합리적인 근거로는 도저히 해석이 불가능하다는 점이다. 계시를 주님께 받듯, 해석도 주님께 직접 받아야 하는 경우도 있다.

다니엘과 요셉의 생애 가운데 소개되는 수많은 해석들은 아무리 오랜 세월이 흘러도 인간의 논리로는 도저히 이해할 수 없는 것들이었다. 이처럼 해석도 주님이 주셔야만 가능한 경우가 있다. 인간 편에서 할 수 있는 일이란 단지 주님을 추구하는 것뿐이다. 이는 계시의 경우도 마찬가지이다.

해석의 은사를 가지고 있는 사람들 중에서도 자신들이 어떻게 그런 해석에 도달했는지 설명하지 못하는 이들도 있다. 해석에 대한 이유를 설명하기 위해 애쓸수록 오히려 그 해석은 더욱 신뢰할 수 없는 것이 되고 만다. 합리적이고 논리적인 사고를 지닌 사람들보다 그렇지 못한 사람들이 오히려 해석에 더 능통한 경우가 많다.

해석은 인간적인 견해가 아니다

해석은 결코 인간적인 견해가 아니다. 해석은 단순히 계시가 뜻하는 바에 대한 우리의 아이디어를 제시하는 일 이상의 의미를 지닌다. 우리는 해석이 하나님의 증거를 나타내고 있는지, 혹은 기름부음이 있는 해석인지 분별하는 법을 배워야 한다.

주님의 임재가 우리를 이끌어 줄 때가 많다. 주님은 그분의 임재 가운데 우리를 해석으로 인도해 주신다. 만일 누군가가 계시를 해석하다가 정로에서 벗어나기 시작할 때, 나의 혼은 혼동을 감지한다. 우리가 잘못된 지점에 있을 때마다 주님은 이런 식으로 일깨워 주신다.

조화와 지혜

예언적 계시를 해석하는 데는 특정 공식이나 패턴 혹은 틀이 존재하지 않는다. 상징들에 대한 지식이 쌓일수록 지혜와 깨달음도 아울러 증대시켜 가야 한다. 상징의 의미체계를 세우려 할 때마다 주님은 상징을 통해 말씀하시는 분이며, 동일한 상징으로 매우 다양한 의미를 나타내실 수도 있다는 사실을 반드시 기억해야 한다.

뱀은 무엇을 상징할까? 악이나 사단 혹은 속임수를 상징할까? 이들 모두 성경적인 선례가 있으므로 타당한 해석이 될 수 있다. 그러나 뱀이 예수님 혹은 치유를 상징할 수도 있다. 광야에서 장대 끝에 매달린 놋뱀은 높이 달리실 예수님에 대한 예표이자 그림자였다(요 3:14-15). 지팡이에 감겨 있는 뱀은 의료계를 의미하는 현대적인 상징이며, 예언적으로는 치유를 뜻한다.

그렇다면 한 가지 상징이 예수님도 의미하고 사단도 의미하는 경우에는 어떻게 해야 할까? 이때는 단순히 우리가 알고 있는 해석체제를 따를 것이 아니라 주님께 여쭤 보아 해답을 얻어야 한다. 물론 인간의 생각을 의지하지 말라는 말은 아니다. 다만 인간이 가진 해석체제보다 훨씬 뛰어난 것이 있음을 말해 주고 싶다. 우리는 살아 계신 하나님을 섬긴다. 살아 계신 하나님은 살아 있는 말씀을 우리에게 들려주신다.

거짓 예언인가 아니면 해석이 잘못되었을 뿐인가?

거짓 예언으로 취급되는 계시들 중에는 올바른 계시가 해석단계에서 왜곡된 경우들이 많다. 주님으로부터 분명한 이미지를 받았으나, 이를 잘못 해석하거나 혹은 그릇되게 적용할 수 있기 때문이다. 이때 계시 자체가 거짓이라고는 말할 수 없다. 다만 정확한 해석이 필요하다.

사도행전 21장은 참된 예언적 계시가 그릇되게 해석되고 적용된 사례를 보여 준다.

> 여러 날 머물러 있더니 아가보라 하는 한 선지자가 유대로부터 내려와 우리에게 와서 바울의 띠를 가져다가 자기 수족을 잡아매고 말하기를 성령이 말씀하시되 예루살렘에서 유대인들이 이같이 이 띠 임자를 결박하여 이방인의 손에 넘겨 주리라 하거늘 우리가 그 말을 듣고 그곳 사람들과 더불어 바울에게 예루살렘으로 올라가지 말라 권하니 (행 21:10-12)

아가보는 예루살렘에서 유대인들이 바울의 손발을 결박하여 이방인들에게 넘겨줄 것이라고 예언했다. 그러나 실제로 일어난 사건은 아가보의 예언과는 달랐다. 바울을 붙잡아 죽이려 한 것은 유대인들이었다.

이때 이방인들이 와서 바울을 구해 주었다. 결국 바울을 죽이려 한 자들은 이방인들이 아니라 유대인들이었다.

아가보가 자잘한 부분에서 혼동을 일으킨 것이 분명했다. 그럼에도 불구하고 그의 예언은 심오한 예언적 계시였다. 옥살이를 하던 바울이 거짓 예언을 한 아가보에 대해 불만을 품었을 리는 만무하다. 아가보는 정확한 계시를 받았다. 다만 소소한 부분의 해석에서 혼동이 있었을 따름이다.

한편, 적용과 관련해서 문제를 야기하는 경우도 있다. 12절에서 아가보의 예언을 들은 많은 이들이 바울의 예루살렘 행을 반대했다. 그러나 주님은 이 예언을 통해 후일 예루살렘에서 겪을 일에 대해 바울을 준비시키는 중이셨다. 주님은 이미 수년 전에 바울이 주님을 위해 고난 당할 것을 보여주셨다(행 9:16).

잘못된 해석을 피하는 방법

주님은 종종 외관상 전혀 무가치해 보이는 상징들을 사용하여 말씀하실 때도 있다. 그러나 주님께서 보여 주신 계시를 해석 없이 그대로 전해 주는 것만으로도 놀랄만한 결과를 얻을 때가 많다. 이는 계시에 대한 해석을 그르칠 가능성을 최소화하는 방법이기도 하다. 확신이 서지 않는 해석을 덧붙여 혼동을 가중시키느니 오히려 본 것을 가감 없이 보고하는 것이 낫다.

어느 날 대략 60세쯤 되어 보이는 한 여성에게 사역을 하던 중 체조경기에서 사용되는 한 쌍의 평행봉이 내적 환상으로 보였다. 그 이외에도 다른 몇 가지 계시들을 함께 받았다. 나는 두 개의 평행봉이 의미하는 바가 무엇인지 도무지 알 수가 없었다. 60세 된 노인과 체조가 과연 무슨 상관관계가 있는 것일까? 우선 나는 평행봉 환상 이외의 나머지 계시들로 그녀에게 사역을 함으로써 주님이 보여 주신 것들의 정확성을 확인했다. 그리고 마지막으로 평행봉의 환상을 아무런 해석이 없이 그녀에게 전해 주었다.

그런데 갑자기 그녀가 웃음을 터뜨리기 시작했다. 재활환자들을 돕는 물리치료사였던 그녀는 거의 매일 평행봉을 사용하여 환자들에게 걷기 연습을 시켜주고 있었다. 이 경우, 내가 계시를 해석하지 못한 것은 전혀 문제가 되지 않았다. 곡해의 가능성을 차단한 결과가 되었기 때문이다. 나는 받은 계시를 해석 없이 단순히 전달해 주었을 뿐이다.

우리는 보다 나은 해석능력을 갖추기 위해 부단히 노력하고 성장해야 한다. 동시에 주님은 우리를 지금 바로 사용하실 수도 있다. 주님은 아직 성장 중인 우리를 얼마든지 다른 사람을 축복하는 도구로 사용하신다. 그러나 주님의 긍휼하심을 빌미로 현재의 미성숙한 단계에 그대로 머물러 있어서는 안 된다. 날마다 해석에 대한 깨달음의 깊이를 더해 가야 한다. 주님이 의도하신 사역이 되도록 성령께 더욱 민감한 사람이 되어야 한다.

사실 나는 예언사역에 관한 또 다른 저서를 준비하고 있다. 그 책에서는 해석에 관해 설명하고, 어떻게 해야 보다 분명한 해석을 할 수 있는지에 초점을 맞출 계획이다.

정확한 해석의 방해물들

　상징에 대한 이해나 경험의 결핍 이외에도, 주님이 주신 계시에 대한 정확한 해석을 가로막는 방해요소들은 매우 많다. 다음 장에서는 해석을 그르치게 만드는 '마음의 방해물들'에 관해 다룰 것이다.

Chapter 5

해석을 위한 준비

예언적 계시를 정확하게 해석하려면, 해석의 원리들도 잘 이해해야 하겠지만 아울러 '정결한 마음'을 갖는 것도 중요하다. 해석은 해석의 원리에 대한 이해력, 성령님께 대한 민감함, 마음의 자세 등이 상호작용하여 얻어지는 경우가 많다. 주님의 마음을 가진 자만이 주님의 생각을 가장 정확하게 해석할 수 있다.

예언적인 상징을 잘 이해하고 있다 하더라도 해석을 그르칠 수 있는 두 가지 기본적인 마음의 문제들이 있다. 첫째, 우리의 마음이 하나님이 보시기에 합당치 못한 경우이다. 교만이나 '완고함'(unteachableness)이 해석을 왜곡시킬 때가 많다. 둘째, 사역을 받고 있는 이들에 대해 올바른 마음을 갖고 있지 못한 경우이다. 이는 상대방에게 죄를 범했거나 쓴 뿌리를 가지고 있거나 선입견을 가지고 있는 경우이다. 예언적 계시를 정확하게 해석하려면, 하나님과 사람들에 대해 올바른 마음 자세를 유지해야 한다.

표지판은 보았으나 배는 놓치다

1995년 여름에 있었던 일이다. 어느 날 아침에 기도하던 중 너무도 생생한 북극곰의 환상을 보았다. 환상을 보자마자 나는 이렇게 해석했다. "올 겨울 미국의 증권계는 약세장(bear market)이 될 거야." 그로부터 며칠 후 나는 이 환상을 밥 존스에게 말해 주었다. 밥 존스는 이를 올 겨울에 발생할 심각한 기상시스템에 대한 경고라고 해석했다. 나는 밥의 해석이 옳지 못하다고 생각했다. 그의 말을 받아들이지 않은 나는 어느 뉴스레터에 내가 본 환상과 해석의 내용을 그대로 출판했다.

그해 겨울 미국의 증권계에 '약세장'은 찾아오지 않았다. 대신 미국 대부분의 지역이 거의 100여 년 만에 처음 찾아온 최악의 겨울 폭풍에 시달렸다. 주님이 이미 정확한 계시를 주셨는데도 나는 계시의 유익을 무효화시키고 말았다. 나의 그릇된 해석이 초래한 결과였다. 내가 어떻게 이토록 참담한 곡해를 저지르게 된 것일까?

이 환상을 받기 약 18개월 전부터 나는 주식시장에 투자를 하고 있었다. 주식투자에 몰두하는 시간은 나도 모르게 점점 늘어갔다. 얼마 후에는 거의 매일 주식시장 생각에만 골똘히 사로잡혀 있었다. 북극곰 환상을 본 것은 바로 이런 상황에서였다. 아니나 다를까 나는 당시 내가 가장 중요한 가치를 두고 있던 생각의 틀로 이 환상을 해석했다. 주식시장에 너무 몰두한 나머지, 무의식적으로 하나님도 주식시장에 관심을 두고 계실 것이라 믿었던 것이다. 나의 해석은 외관상으로는 합리적인 해석이었다. 그러나 실제로는 하나님이 주신 것이 아닌 나의 인간적인 견해였음이 드러났다. 뿐만 아니라 교만하게도 나는 노련한 예언자의 해석을 거부하고 내 주장만을 고집했다.

해석을 위한 준비

해석이 없이 주어지는 계시는 아무런 쓸모가 없을 때가 많다. 반면, 잘못 해석된 계시는 이보다 훨씬 더 심각한 혼란을 불러온다. 예언적 계시를 잘못 해석하면, 그것은 오히려 걸림돌이 될 수 있다. 그러므로 우리는 상징에 대한 이해력을 지속적으로 증진시켜야 하며, 주님과 친밀해질수록 정결한 마음을 갖기 위해 더욱 힘써야 한다.

꿈과 환상, 계시를 해석함에 있어 가장 중요한 요소는 바로 하나님을 아는 일이다. 단순히 하나님에 관한 지식이나 예언적 상징에 관한 지식이 아니라 개인적인 만남을 통해 주님을 알아야 한다. 예수님의 증언은 예언의 영이다. 주님을 아는 것은 주님의 말씀을 이해하는 열쇠이다. 하나님을 아는 것은 하나님이 우리에게 말씀해 주시는 것을 이해하는 데 있어서 매우 중요한 기초이다.

성경에 나타난 사례들

요셉과 다니엘은 성경에서 꿈과 환상의 해석자로 하나님께 쓰임 받은 가장 대표적인 인물들이다. 요셉과 다니엘은 성품 면에서 크게 차이가 있었으나, 이들에게는 공통점이 있었다. 이들은 모두 하나님을 아는 것이야말로 해석의 열쇠임을 아주 잘 알고 있었다. 요셉은 부당하게 감옥에 갇혀 있는 동안 간밤에 꾼 꿈 때문에 번민하는 두 사람을 만난다. 그는 그들에게 이렇게 말한다.

> 그들이 그에게 이르되 우리가 꿈을 꾸었으나 이를 해석할 자가 없도다 요셉이 그들에게 이르되 해석은 하나님께 있지 아니하니이까 청하건대 내게 이르소서 (창 40:8)

감옥에 갇혀 있는 이 시점에서 보이는 요셉의 태도는 과거에 형들을 대하던 거만한 자세와는 극명한 대조를 이룬다(창 37장). 오랜 노예생활과 수감생활을 통해 요셉의 삶은 겸손의 깊이를 점점 더해 가고 있었다. 이후 부당한 감옥생활이 2년이나 더 연장되면서 요셉은 더욱더 겸손해졌다. 이 2년 동안 요셉은 술 맡은 관원장이 자신을 기억해 주기만을 손꼽아 기다렸다. 마침내 그는 바로 왕의 꿈을 해몽할 자로 부름 받았다. 다음은 바로 왕과 요셉 사이에 이루어진 대화 내용이다.

> 바로가 요셉에게 이르되 내가 한 꿈을 꾸었으나 그것을 해석하는 자가 없더니 들은즉 너는 꿈을 들으면 능히 푼다 하더라 요셉이 바로에게 대답하여 이르되 내가 아니라 하나님께서 바로에게 편안한 대답을 하시리이다 (창 41:15-16)

요셉은 자기의 힘으로는 바로 왕의 꿈을 결코 해몽할 수 없음을 잘 알고 있었다. 예수님은 어떻게 기적을 행하실 수 있었는가? 자기 스스로의 힘으로는 아무것도 할 수 없다는 인식 때문이 아니던가?(요 5:19) 요셉이 꿈을 해몽할 수 있었던 것은 바로 자신의 힘으로는 도저히 불가능함을 알았기 때문이다. 이런 겸손 덕분에 요셉은 하나님의 계시를 받는 자가 될 수 있었다.

다니엘도 겸손한 사람이었다. 다니엘은 요셉처럼 수년간의 노예생활이나 고난과 박해를 통한 연단의 세월을 거치지는 않았다. 환난을 통해서가 아니라 스스로 겸손을 선택할 만큼 다니엘은 특별한 사람이었던 것 같다. 이는 간밤에 꾼 꿈으로 번민하는 바벨론 왕에게 그가 한 말에서 잘 드러난다.

> 다니엘이 들어가서 왕께 구하기를 시간을 주시면 왕에게 그 해석을 알려 드리리이다 하니라 이에 다니엘이 자기 집으로 돌아가서 그 친구 하나냐와 미사엘과 아사랴에게 그 일을 알리고 하늘에 계신 하나님이 이 은밀한 일에 대하여 불쌍히 여기사 다니엘과 친구들이 바벨론의 다른 지혜자들과 함께 죽임을 당하지 않게 하시기를 그들로 하여금 구하게 하니라 이에 이 은밀한 것이 밤에 환상으로 다니엘에게 나타나 보이매 다니엘이 하늘에 계신 하나님을 찬송하니라 (단 2:16-19)

다니엘이 하나님을 구했을 때, 하나님은 그에게 비밀을 계시해 주셨다. 하나님을 추구하는 것이 바로 겸손이다. 겸손은 교만과는 정반대이다. 교만은 하나님을 의지하지 않고 독자적인 삶을 추구한다. 겸손은 자신이 주님을 의지할 수밖에 없으며, 주님께 가까이 이끌릴 수밖에 없음을 인정한다(약 4:6-8). 겸손이야말로 해석을 위한 최고의 열쇠이다. 겸손이란 하나님을 의지하는 것이다.

마음이 정결한 사람은 보리라

예언적 계시를 정확하게 해석하려면, 하나님 앞에서 겸손해야 한다. 나아가 사람들에 대해서도 정결한 마음을 지녀야 한다. 주님은 마음이 정결한 사람이 하나님을 볼 것이라고 말씀하셨다(마 5:8). 하나님을 본다는 것은 하나님의 뜻을 정확하게 이해한다는 뜻이기도 하다. 마음이 깨끗하지 못하면, 하나님의 섭리들을 예언적으로 정확히 볼 수 없다.

우리는 마음을 오염시키는 온갖 방해물들을 제거해 주시도록 주님께 내어맡겨야 한다. 정도의 차이가 있을 뿐 모든 사람이 마음의 문제를 가지고 있다. 우리는 주님의 인도하심에 따라 이것들을 이겨내기 위해 최선을 다해야 한다. 주님께 자신을 변화시켜 주시도록 내어드린다면, 우리가 주님을 추구하는 한 주님은 계속해서 우리를 정화시켜 주실 것이다. 아래의 목록은 계시의 정확한 해석을 방해하는 네 가지 마음의 장벽들이다.

의견들

인간적인 의견들은 일종의 교만이다. 웹스터 사전은 의견(opinion)을 '어떤 문제에 관해 생각 안에 형성된 판단'으로 정의한다. 예언적 계시를 정확하게 해석하는 일에 개인적인 견해는 전혀 필요하지 않다. 우리에게 필요한 것은 오직 하나님의 생각이다.

내가 북극곰 환상을 잘못 해석한 원인이 무엇이었는가? 경제에 대해 개인적으로 가지고 있던 의견 때문이 아니었던가? 나는 내가 주식시장을 중요시하듯 하나님도 나처럼 주식시장을 중요하게 여기실 것이라고 착각했다. 나는 계시를 해석하기 위해 주님을 찾기보다는, 개인적인 생각(의견)을 근거로 하여 환상을 논리적으로 해독하려 애썼다. 그리고 결국 말도 안 되는 곡해를 만들어내고 말았다.

의견 중에서도 유독 골치 아픈 형태는 바로 '특별히 소중한 교리'이다. '특별히 소중한 교리'란 도에 지나칠 정도로 중요하게 떠받들어지는 가르침을 말하는데, 이것은 종교적인 동기를 가진다는 점에서 매우 위험하다. 이런 교리들은 우리의 생각 속에서 우상이 되어 계시에 대한 해석을 오염시킨다(이 부분에 관해서는 10장에서 상세하게 살펴볼 것이다). 무엇이든 우리 안에서 과도하게 강조되는 가르침은 예언적 계시의 해석에 결정적으로 부정적인 영향을 끼칠 위험이 있다.

공격과 쓴 뿌리

자신을 공격하거나 상처를 준 이들을 용서하지 않을 때, 그 상처는 마음속에 그대로 머물러 있다. 이렇듯 마음속에 있는 여러 가지 상처는 주님이 주신 계시를 쉽게 왜곡시킨다. 상처는 마치 '방어벽'과도 같아서 하나님의 말씀을 올바로 이해하지 못하도록 방해한다.

당신이 받은 계시나 해석이 당신에게 상처를 준 사람에 관한 것이라면, 일단은 이를 의심해보기 바란다. 이는 개인에게만 해당되는 사항은 아니다. 그룹에 대해서도 마찬가지이다. 해결되지 않은 과거의 상처나 죄를 가지고 있을 때, 반대편 성에 속한 사람들을 비난하는 메시지를 받는 사람들이 많다. 또한 어떤 이들은 지도자들에 대한 예언적 계시를 부정적이고 가혹하게 해석해 버림으로써, 과거에 상처를 준 지도자들에 대한 공격용 무기로 삼기도 한다. 상처를 준 대상이 누구이건 간에, 계시를 정확히 해석하기 위해서는 반드시 그러한 상처들로부터 해방되어야 한다.

하나님과 이웃과 함께 하는 신앙여정에서 가장 중요한 것은 용서이다. 우리에게 상처를 준 이들을 용서하지 않는다면, 주님이 주신 계시는 즉각 잘못된 방향으로 해석될 것이다. 세워 주고 격려하며 위로하기는커녕 계시로 인해 오히려 절망스럽고 파괴적인 결과가 초래될 수 있다. 계시를 올바로 해석하기 원한다면, 마음속의 상처와 쓴 뿌리를 그대로 방치하지 말라. 부당한 대우에 대한 용서를 배워가는 과정을 잘 보여 주는 요셉의 사례는 우리에게 귀감이 된다.

죄와 영적인 속박

정확한 해석을 가로막는 또 다른 방해물은 죄와 영적인 속박이다. 삶의 특정 분야에 견고한 진이 형성되어 있는 사람일수록 대체로 그 분야에 관한 분별력이 형편없이 떨어진다.

육욕, 쓴 뿌리, 거역, 종교의 영 등과 같은 견고한 진들은 우리의 분별력을 변질시킨다. 나아가 주님이 주신 계시를 잘못 해석하도록 만든다. 예언적 계시를 정확하게 해석하려면, 이러한 죄와 영적인 속박에서 해방되어야 한다. 거듭 말하지만, 마음이 정결하지 못하면 결코 정결한 시각을 가질 수 없다.

육신적인 판단

육신적인 판단은 의견(opinion)과도 연관성이 있다. 그러나 분별을 가장하고 있다는 점에서 의견보다 훨씬 더 교활하다. 우선 육적인 판단은 겉으로 드러난 외양으로 판단하는 것이다. 구약성경에 등장하는 가장 위대한 예언자 중 하나인 사무엘조차 외모에 속아 넘어갔다. 주님은 사무엘에게 사울을 왕으로 기름 부으라고 계시로써 알려 주셨다. 당시 사무엘은 사울의 외모야말로 주님의 은총의 표식이라 생각했다.

> 사무엘이 모든 백성에게 이르되 너희는 여호와의 택하신 자를 보느냐 모든 백성 중에 짝할 이가 없느니라 하니 모든 백성이 왕의 만세를 외쳐 부르니라 (삼상 10:24)

하나님의 나라에서는 보는 것이 곧 믿는 것은 아니다. 외모로 판단하는 자는 하나님을 놓치게 된다. 사무엘은 외모로 판단하려는 성향이 몹시도 강했다. 심지어 다윗의 예를 통해서도 여전히 깨닫지 못하고 있었다. 이새의 아들에게 기름을 붓기 위해 그의 집에 찾아갔을 때, 사무엘은 다음과 같이 말했다.

> 그들이 오매 사무엘이 엘리압을 보고 마음에 이르기를 여호와의 기름 부으실 자가 과연 주님 앞에 있도다 하였더니 여호와께서 사무엘에게 이르시되 그의 용모와 키를 보지 말라 내가 이미 그를 버렸노라 나의 보는 것은 사람과 같지 아니하니 사람은 외모를 보거니와 나 여호와는 중심을 보느니라 (삼상 16:6-7)

외모에 몰두하는 자가 하나님의 관점을 취하기는 매우 힘들다. 이는 주님의 뜻을 정확히 해석하려는 자에게 심각한 유혹이다. 논리적 관점이나 첫 인상으로 본 외모를 통해서는 하나님의 뜻을 분별하기가 어렵다.

우리 교회에서는 개인들을 위한 예언사역을 자주 실시한다. 처음 시작했을 때만 해도 우리는 개인이나 부부를 사람들 앞에 세워 두고 모두가 지켜보는 앞에서 예언사역을 했다. 회중이 많이 모인 모임에서는 아직까지 이런 방식으로 사역을 한다. 그런데 우리는 이런 방식의 사역에 의해 야기되는 몇몇 육신적인 판단들을 없애는 방법을 찾아냈다.

기도사역을 하는 이들로 하여금 눈을 감고 사역하게 함으로써 기도 받고 있는 이가 누구인지 보거나 알 수 없게 하는 방법이다. 이로 인해 계시를 받거나 해석하는 사역은 훨씬 더 순전해졌다. 사역을 하는 이가 피사역자의 모습을 볼 수 없을 때, 상대방에 대한 첫 인상으로 인해 마음과 생각의 판단력이 흐려지는 일을 막을 수 있다. 이것은 우리가 얼마나 쉽게 육신적인 판단을 내리는지를 여실히 보여 주는 증거들이다.

결론

　예언을 해석하는 능력은 결코 하루아침에 체득되지 않는다. 이는 시간을 요하는 성장과 성숙의 과정이다. 상징과 몇 가지 상징의 의미를 공부한 것으로, 마치 자신이 예언적 전문가인 양 행세할 수 있을지는 모른다. 그러나 우리가 알아야 할 것은 단지 예언에 관한 원리들이 아니다. 우리는 하나님을 알아야 한다. 예언에 관한 모든 영역에서 끊임없이 경험을 쌓아가는 것은 중요하다. 그러나 그것이 예언자로서의 본질을 이탈한 성장이 되어서는 안 된다. 예언자로서의 본질이란 하나님을 전적으로 의지하는 것이다.

　상징에 관해 연구하라. 계시를 해석할 능력을 가르쳐 줄만한 사람들과 함께 시간을 보내라. 그리고 주님 안에서 성장해 가라. 아울러 더욱 깊은 주님의 임재 가운데로 나아가고 주님을 의지하는 법을 배우라. 예언적인 상징을 이해하는 일은 매우 중요하다. 그러나 이를 하나님을 아는 것과 대체하려 하지는 말라. 반면, 하나님은 알지만 예언적 계시를 해석하는 원리를 무시하는 사람들도 많은데, 우리는 두 가지를 모두 겸비해야 한다. 그래야만 예언적 통찰의 기능을 제대로 발휘하여 주어진 사명을 온전히 성취할 수 있다.

Chapter 6

예언사역에 입문하다

단 하나의 사역만 제외하고 우리는 모든 사역자들에게 은사와 능력 면에서 끊임없이 성장할 수 있는 여지를 열어 둔다. 교사들이 처음부터 흠잡을 데 없이 편안하게 가르칠 것이라고 기대하는 사람은 아무도 없다. 아무도 초년병 목사들에게서 완벽함을 기대하지 않는다. 그런데 예언사역에 대해서만은 예외이다. 대부분의 교회는 예언사역이 초보 단계부터 완벽하기를 원한다. 이는 예언사역에 대한 오해로 인해 초래된 현상이다. 사실상 예언사역에 부름 받은 무수한 사람들이 이런 과정 속에서 중도하차해야 했다.

하나님에 대한 지식은 반드시 지속적으로 성장해 가야 한다. 이스라엘 백성들의 경우처럼 우리도 주님이 행하시는 일들을 지켜보기만 했다. 이제는 모세처럼 되어야 한다. 그리고 하나님의 방법이 무엇인지를 깨달아야 한다(시 103:7). 우리 교회뿐 아니라 일반 교회에서 예언사역이 성숙한 기능을 발휘하려면, 무엇보다 먼저 미성숙한 예언사역자들을 포용해 주어야 한다. 이들에게 자신의 역량을 마음껏 시험할 수 있는 안전한 장소를 제공해 주어야 한다. 이는 이들에게 성장과 성숙을 위한 장(場)을 열어 주는 일이다.

하나님은 가혹한 재판관이신가?

최근에 예언훈련 컨퍼런스 사역을 준비하던 중 주님은 아주 극적인 방법으로 내가 선택한 메시지들을 확증해 주셨다. 주님께서는 나에게 '실수가 허용되지 않다'라는 주제로 메시지를 전하라고 하셨다. 이 주제는 전에 한 번 다룬 적이 있었는데, 나는 동일한 주제로 연거푸 메시지를 전하는 것을 싫어했기 때문에 과연 주님의 인도하심을 따라야 할지 의문스러웠다. 그때 나는 강연에서 '100% 정확한 예언을 하지 않으면 거짓 예언자다'라는 생각은 잘못된 견해라는 내용을 중점적으로 다루었다.

이전 컨퍼런스에서 메시지를 선포하기에 앞서, 주님은 나에게 아주 강력한 확신을 주셨다. 강연이 예정되어 있던 날, 내가 살던 지역신문의 일면기사 타이틀이 바로 '실수가 허용되지 않다'였다. 뉴스의 내용은 대충 블루 엔젤스 지휘관의 퇴임에 관한 것이었다. 조금도 실수를 허용치 않는 외부의 압력이 그를 죽음으로 몰아가고 있었는데, 이것이 바로 그날 내가 전해야 할 메시지의 예언적인 개요였다.

컨퍼런스 개회 하루 전, 나는 이전과 동일한 메시지를 거듭해서 전해야 할지를 놓고 계속 갈등하고 있었다. 그런데 그날 아침 지역신문의 스포츠 면에 다음과 같은 제목의 기사가 실려 있었다. "실수가 허용되지 않다." 나는 너무도 놀라 어안이 벙벙해졌다. 이로써 주님은 내가 전해야 할 메시지를 두 번이나 지역신문을 통해 확증해 주셨다.

이 신문기사는 여성올림픽 체조경기를 주재한 심판관들의 어처구니없는 가혹함에 관해 다루고 있었다. 이 심판관들은 젊은 여성 체조선수들이 저지른 아주 사소한 반칙에 대해서도 지나치게 혹독한 페널티를 부과했다. 기사는 한 젊은 체조선수에 대해 다음과 같이 기술했다. "그 선수는 경기 초반에 몇 가지 실수를 저지른 뒤 스스로 경기를 포기했다." 다음 날 있었던 컨퍼런스에서 나는 다음과 같은 내용을 선포했다. "몇 가지 자잘한 실수 때문에 스스로 사역에서 물러나는 사람들이 너무도 많다. 이들은 하나님을 마치 가혹한 심판관 같은 분으로 믿고 있다."

컨퍼런스의 첫째 날 밤, 이 메시지를 전하기 바로 직전에 한 강사가 나를 찾아와 이렇게 말했다. "주님이 방금 전 당신에게 메시지를 전해 주라고 하셨습니다. 하나님은 결코 여성 체조선수들을 가혹하게 다룬 심판관들과 같지 않으십니다. 하나님은 그분의 백성들에게 그렇게 혹독하고 비판적인 분이 아니십니다."

주님은 왜 이 메시지에 대해 이토록 수차례나 강력하게 확증해 주셨을까? 이유는 분명했다. 그것이 우리 모두가 반드시 들어야 할 메시지였기 때문이다. 하나님이 우리의 아버지이시며, 그분이 가혹한 심판관처럼 우리를 대하는 분이 아니시라는 사실을 모른다면, 우리는 예언사역 입문에 필요한 믿음을 가질 수 없다.

실수는 언제든지 할 수 있다

예언사역을 처음 시작한 사람치고 실수하지 않는 사람은 없다. 이 진리는 거의 모든 사람에게 해당된다. 주님의 은혜와 긍휼을 믿는 사람만이 부르심에 응답하는 삶에서 만나는 당황스러움, 실패, 수치심, 압박감들을 능히 이겨낸다. 하나님을 가혹한 심판관이라고 믿는 사람들은 겨우 몇몇 사소한 실수를 저질러 놓고는 스스로 부적격자로 여기며 경기를 포기해 버린다.

주님은 사역을 배워 가는 과정 중에 있는 우리를 결코 엄하거나 무자비하게 대하지 않으신다. 예언사역이란 하나님께 대한 순종이자 주님의 백성들에 대한 사랑의 섬김이다. 순종하고자 애쓰는 자, 주님의 백성들을 도우려고 노력하는 자를 주님이 무엇 때문에 혹독하게 심판하시겠는가? 자녀가 형제자매에게 도움을 베풀다가 실수를 저질렀다고 해서 그 자녀를 가혹하게 비판적으로 다루는 부모가 없는 것과도 동일한 원리이다.

예수님께서도 제자들이 이 진리를 깨닫기를 원하셨다.

> 너희 중에 아버지 된 자로서 누가 아들이 생선을 달라 하는데 생선 대신에 뱀을 주며 알을 달라 하는데 전갈을 주겠느냐 너희가 악할지라도 좋은 것을 자식에게 줄 줄 알거든 하물며 너희 하늘 아버지께서 구하는 자에게 성령을 주시지 않겠느냐 하시니라 (눅 11:11-13)

앞서 설명한 바와 같이, 이 비유에는 다른 이를 섬기는 일에 필요한 영적 은사를 나눠 주고 싶어 하시는 하나님의 마음이 잘 나타나 있다. 이 같은 아버지의 마음이 다른 방식으로도 표현될 수 있지 않겠는가? 세 살배기 아기에게서 십대 청소년의 성숙함을 기대하는 사람은 없다.

이런 자는 오히려 아기의 성장을 그르치고 만다. 이와 마찬가지로 주님도 우리에게 즉각적인 성숙함을 기대하지 않으신다.

설사 미성숙하여 실수를 저질렀어도 가혹한 심판관을 두려워하지 않으면서 마음껏 자신의 역량을 발휘할 수 있어야 한다. 이런 기회를 누리지 못한 사람은 결코 사역 가운데 성장할 수 없다. 우리는 다음 사실을 반드시 기억해야 한다. 주님은 사역에 갓 입문한 우리에게 실수를 허용하신다. 아니, 실수할 것을 기대하신다.

미숙하지만 신실하게 주님의 인도하심에 순종하려 애쓰다가 실수를 저지르는 사람들보다는, 오히려 믿음으로 행동하지 않음으로써 실수를 범하는 이들이 훨씬 더 많은 것 같다. 주님은 실수를 바로잡아 주시는 분이다. 다만 우리는 주님이 보여 주신 그대로 행하며 순종해야 한다. 믿음으로 행치 않는 한, 우리는 사역을 통해 그 누구의 마음도 만져줄 수 없다. 어떠한 사역이든 믿음으로 행해야 한다. 나는 이 진리를 매우 어렵게 터득했다.

믿음의 훈련

1988년의 어느 날, 나는 약혼녀의 집을 방문하기 위해 운전하며 시내를 가로지르고 있었다. 문득 주님이 나에게 한 친구를 찾아가라고 말씀하셨다. 당시 그 친구와는 6개월 동안 연락이 끊겨 있었고, 우리 둘의 관계는 어떤 오해로 인해 소원해진 상태였다. 주님이 그 친구를 찾아가라고 하셨을 때, 나는 그 음성을 쉽게 믿을 수가 없었다. 나는 혼자서 이렇게 생각했다. '아마 그는 지금 집에 없을 거야. 아직 대낮인 걸!'

마음속에 여전히 의구심을 품은 채, 나는 결국 주님의 인도하심에 순종하기로 결심했다. 차를 돌려 친구가 사는 동네 쪽으로 향했다. 나는 이 메시지가 하나님이 주신 것임을 몇 가지 방법으로 확인하고 싶었다. 그의 집 진입로까지 갔다가 허탕을 치고 괜히 낭패를 당하지나 않을까 걱정스러웠기 때문이다. 또한 그가 그곳에 없다면, 나는 주님의 음성을 듣지 못한 것이고 결국 거짓 예언자가 될 것이라고 생각했기 때문이다. 나는 차를 몰고 그의 집 근처로 가서 우선 진입로에 그의 차가 세워져 있는지를 확인해 보았다. 아니나 다를까 그의 차가 있었다! 나는 주님의 음성을 들었다는 사실에 기뻐하며 차를 돌리기 위해 골목 끝까지 운전해 갔다.

친구의 집 쪽을 향해 후진하여 진입로에 도달한 순간, 나는 깜짝 놀랐다. 친구의 차가 어느새 사라지고 없었다. 차를 돌리는 3분 사이에 그가 떠나 버렸다! 초인종을 누르자 그의 여동생이 문을 열고 나타났다. 그녀는 오빠가 신학교에 입학하기 위해 방금 전 집을 떠났다고 했다.

그 이후 나는 그 친구를 두 번 다시 만나지 못했다. 그 시점 이후 우리 둘의 인생은 각각 서로 다른 방향을 향해 전개되어 갔다. 주님의 음성이 아닐지도 모른다는 내 안의 두려움으로 인해, 우리는 주님이 주신 화해의 기회를 영영 놓쳐 버렸다. 주님의 인도하심을 받는 일에 실수는 결코 용납될 수 없다는 그릇된 믿음이 이런 결과를 초래한 결정적인 원인이었다.

실수를 저지르고 너무도 상심한 나는 약혼녀의 일은 까맣게 잊어버린 채 그냥 집으로 돌아왔다. 주님이 더 이상 이 일에 관여하지 않으실 거라는 생각에 나는 엎드려 회개했다. 두 번 다시 주님의 음성에 불순종하는 일은 없을 것이라고 거듭 약속을 드렸다. 그러나 나는 여전히 잘못된 생각을 수정하지 않고 있었고, 그로 인해 결국 큰 어려움을 만나고야 말았다.

제2라운드

그날 저녁, 나는 시내 맞은편을 가로질러 운전해 가고 있었다. 그때 주님이 나에게 다시 또 다른 친구의 집을 방문하라고 말씀하셨다. 불교 신자인 그녀의 오빠가 뉴욕에서 돌아와 시내에 머물고 있는데, 그에게 가서 복음을 전해 주라는 음성이었다. 이번에도 나는 의심으로 반응했다. '그곳에 간다 해도 그가 없을지도 몰라. 괜히 나 혼자서 허튼 생각을 하고 있는 건 아닐까?' 나는 적당한 구실을 둘러대고 있었다.

그날 낮에 고통스럽게 터득한 교훈은 어느새 까맣게 잊고 있었다. 나는 이 음성이 실제로 주님이 주신 것인지를 확인하기 위해 그녀의 집 근처를 한 번 지나쳐 보기로 했다. 주님의 말씀대로 그녀의 집에는 오빠의 차가 주차되어 있었다. 뉴욕 자동차 번호판 등 모든 면에서 확실히 그녀의 오빠 차였다. 나는 낮에 겪은 일은 사그리 잊은 채 도로가 끝나는 지점까지 차를 몰고 가서 유턴을 했다. 주님이 이토록 분명하게 음성을 들려주셨다는 사실이 너무나도 놀라웠다. 3분 후 다시 그녀의 집 앞에 도착했을 때, 그녀의 오빠 차는 간선도로에 막 진입하려는 중이었다. 내가 그녀의 집 문 앞으로 갔을 때는 그가 이미 뉴욕으로 떠난 뒤였다. 그날 이후 나는 그녀의 오빠를 두 번 다시 만나지 못했다.

내가 주님의 인도하심에 순종했더라면, 하나님의 권능이 풀려나오는 현장을 하루에 두 번이나 목도할 수 있었을 것이다. 그러나 나는 참담한 실패를 두 번이나 되풀이했다. 문제는 내가 하나님의 음성을 옳게 듣지 못해서가 아니었다. 주님께 순종하기보다 음성의 출처가 주님이라는 사실만 먼저 확인하려 애썼기 때문이다! 나는 하나님의 음성이 맞는지 여부를 확인하느라 믿음으로 행하는 일에 실패했다. 이로 인해 두 사람을 위해 예비해 두신 주님의 축복을 영영 놓치고야 말았다.

나는 주님이 예언사역자들의 실수를 절대 용납하지 않으실 거라고 여겼다. 그러나 그것은 잘못된 믿음이었다. 그 결과 두려움이 나를 사로잡았다. 나는 두려움 속에서 낯선 주님의 인도하심에 순종할 것을 요구받고 있었다. 실수는 결코 용인되지 않는다고 생각했다. 나에게 주님은 마치 가혹한 심판관 같은 분이었다. 그래서 결국 나는 이렇게 소리쳤다. "이제는 두 번 다시 아무에게도 예언사역을 하지 않을 거야!"

하나님의 자비

이 두 가지 사건 외에도 몇 가지 실수들을 더 저지른 후, 나는 거의

18개월 동안 모든 예언사역을 중단했다. 이 기간 중 주님은 나에게 주님의 자비를 가르쳐 주셨다. 내게 절실히 필요한 것은 바로 주님의 자비였다. 나를 향한 주님의 깊은 사랑이 깨달아짐에 따라, 나는 다시금 담대하게 믿음의 행보를 내딛기 시작했다. 주님은 나를 이끄셔서 보다 성숙한 신자들과의 교제 가운데로 인도해 주셨다. 나는 이들의 지도를 통해 영적인 은사를 효과적으로 사용하는 데 필요한 지식을 갖추어 나갈 수 있었다.

하나님이 우리에게 완벽함을 기대하신다는 생각은 비성경적이다. 주님은 우리에게 이미 주신 것을 요구하시는 분이다(창 22:8-14). 주님은 즉각적인 성숙을 바라지 않으신다. 주님은 우리가 계속 성장하기를 원하신다. 우리가 주님의 모든 완전함 가운데 행하기를 기대하신다. 그러나 이 일은 주님의 사랑에 깊이 뿌리를 박고 터를 잡을 때 비로소 가능하다. 바울은 에베소 교인들을 위해 이렇게 기도했다.

> 믿음으로 말미암아 그리스도께서 너희 마음에 계시게 하시옵고 너희가 사랑 가운데서 뿌리가 박히고 터가 굳어져서 능히 모든 성도와 함께 지식에 넘치는 그리스도의 사랑을 알고 그 너비와 길이와 높이와 깊이가 어떠함을 깨달아 하나님의 모든 충만하신 것으로 너희에게 충만하게 하시기를 구하노라 (엡 3:17-19)

하나님의 자비를 모르는 사람은 하나님이 우리 모두를 위해 예비해 두신 것을 결국 놓치고 만다. 주님의 사랑에 깊이 뿌리를 박고 터가 굳어질 때, 주님은 더 큰 충만함을 공급해 주실 것이다. 주님의 사랑을 받으며 계속 자라갈 때, 주님은 우리를 통해 훨씬 위대한 사역을 풀어 놓으실 수 있다.

힘들더라도 신실하게 주님을 섬기자. 우리를 향한 주님의 자비를 확신하자. 앞서 행한 모든 믿음의 선진들과 같이, 주님이 우리에게 하시는 말씀을 신뢰하며 믿음으로 앞을 향해 나아가자.

주님이 사용하시는 확증 방법

주님께서 예언적 메시지와 방향 제시의 메시지를 확증하기 위해 사용하시는 방법이 있는데, 그 예를 출애굽기 3장에서 찾아볼 수 있다. 어쩌면 주님의 방법을 좋아하지 않는 이들이 있을지도 모른다. 출애굽기 3장은 이스라엘 백성을 애굽의 속박에서 건져내시려고 하나님이 모세를 부르시는 장면이다. 갑작스럽게 새로운 사역으로 부르심을 받기 전까지, 모세는 40년간 이곳저곳을 다니며 양 무리를 치고 있었다.

하나님은 모세에게 당대 지구상에서 가장 위대한 문명국가의 왕인 바로에게 가라고 말씀하셨다. 가서 이스라엘 백성들이 광야에서 하나님께 예배를 드릴 수 있도록 강제노역에서 풀어 줄 것을 바로에게 요청하라고 당부하셨다. 회의감에 가득 찬 모세는 자신은 도무지 이 사명을 감당할 수 없다며 항변한다. 이때 주님은 모세를 격려하시기 위해 한 표징을 주신다.

모세가 하나님께 아뢰되 내가 누구이기에 바로에게 가며 이스라엘 자손을 애굽에서 인도하여 내리이까 하나님이 이르시되 내가 반드시 너와 함께 있으리라 네가 그 백성을 애굽에서 인도하여 낸 후에 너희가 이 산에서 하나님을 섬기리니 이것이 내가 너를 보낸 증거니라 (출 3:11-12)

하나님은 모세에게 이렇게 말씀하고 계셨다. "내가 백만 명이 넘는 노예들을 속박에서 구원해 내라고 너를 보냈음을 입증하는 표징은 다음과 같다. 네가 그 일을 마친 후에 바로 이 산에서 나를 예배하게 될 것이다." 혹은 다음과 같은 뜻일 수도 있다. "내가 네게 명한 것을 모두 행한 후에라야 너는 이를 네게 명한 자가 바로 나임을 알게 되리라!"

주님이 사용하시는 확증 방법은 우리의 두려움을 완화시키는 데 그다지 효과가 없을지도 모른다. 그러나 이는 종종 우리가 받은 방향 제시의 메시지가 실제로 주님으로부터 온 것임을 확증하는 유일한 방법이다. 일단 주님께 순종하여 믿음으로 발걸음을 내딛고 상황이 맞아떨어졌을 때, 비로소 우리는 말씀하신 분이 실제로 하나님이었음을 알게 된다.

그제야 알게 되었도다

대예언자 예레미야의 경우를 생각해 보라. 예레미야는 생명의 위협을 받는 상황에서도 기꺼이 이스라엘 왕에게 신랄한 예언의 메시지를 선포했다. 그는 거짓 예언자들에 맞서 하나님이 주신 진리의 말씀을 예언했다. 그가 예언한 메시지는 사람들로부터 인기를 얻지는 못했다. 예레미야는 하나님의 말씀이 임하는 순간, 즉시 그것이 하나님의 음성임을 깨달은 것이 분명하다. 그러나 성경을 자세히 살펴보면, 새로운 사실을 발견하게 된다.

> 예레미야가 이르되 여호와의 말씀이 내게 임하였느니라 이르시기를 보라 네 숙부 살룸의 아들 하나멜이 네게 와서 말하기를 너는 아나돗에 있는 내 밭을 사라 이 기업을 무를 권리가 네게 있느니라 하리라 하시더니 여호와의 말씀과 같이 나의 숙부의 아들 하나멜이 시위대 뜰 안 나에게 와서 이르되 청하노니 너는 베냐민 땅 아나돗에 있는 나의 밭을 사라 기업의 상속권이 네게 있고 무를 권리가 네게 있으니 너를 위하여 사라 하는지라 내가 이것이 여호와의 말씀인 줄 알았으므로 (렘 32:6-8)

그는 자신에게 임한 하나님의 말씀이 현실로 나타난 후에라야 비로소 그것이 주님의 말씀이었음을 알았다! 구약의 예언자들에게 하나님의 말씀이 임하는 장면을 읽을 때, 우리는 실제보다 훨씬 더 극적인 상황들을 상상한다. 천둥처럼 울리는 목소리들, 바퀴들 안에 있는 바퀴들, 네 생물들, 천사의 방문들을 생각한다. 그러나 그들이 예언적으로 받은 계시들은 대부분 훨씬 더 낮은 수준에 속한 것이었다. 심지어 현실화되기 전까지는 자신이 들은 것이 하나님의 음성이었다는 사실조차 모를 때도 있었다.

믿음이 필요하다

우리가 반드시 숙지해야 할 것이 있다. 주님의 사역은 모든 면에서 믿음으로 행할 것을 요구한다. 예언사역이라고 해서 예외는 아니다. 놀라운 수준의 예언사역을 행하는 사람들을 지켜보는 것은 참으로 경탄할 만하다. 반면, 우리 자신이 주님의 도구로 사용되는 순간, 가장 먼저 느껴지는 것은 행복감보다는 두려움이다. 다른 모든 사역과 마찬가지로 예언사역은 대체로 우리의 느낌과 두려움을 통과하여 믿음의 행보를 내딛는 일이다.

예언사역은 우리의 지식으로는 도저히 알 수 없는 일들을 다른 이들에게 말해 주는 것이다. 이는 마치 매번 물 위를 걷는 것과도 같다. 우리를 위한 주님의 전적인 보호하심 가운데 안정을 누리지 못한다면, 다른 이에게 예언적 메시지를 전하는 가운데 심한 갈등을 겪게 될 것이다.

예언사역에서 가장 중요한 것은 믿음과 겸손이다. 믿음과 겸손을 교묘히 피해갈 수 있는 방법도 역시 두 가지인데, 전혀 예언하지 않거나 예언할 때에 속임수를 쓰는 것이다. 속임수란 자연적인 지식으로 알고 있는 일을 예언하는 것이다. 이는 거짓 예언자들의 특징이다. 신자들 가운데 속임수를 써서 예언하려는 유혹에 빠지는 경우는 거의 드물다. 대체로 많은 사람들이 첫 번째 유혹에 걸려드는데, 실수를 두려워하여 아예 예언사역 자체를 하지 않는다.

일부러 실수하는 사람은 없다. 우리는 시행착오를 통해서 무언가를 배운다. 물론 이러한 과정을 좋아하는 사람은 한 명도 없다. 그러나 누구든 뭔가 새로운 일을 시도하면, 실수도 하기 마련이다. 이는 인생의 본질이자 사역의 본질이다. 미성숙한 수준으로 예언사역하기를 주저하는 사람은 성숙한 예언사역자가 되는 것을 기대할 수 없다. 인간은 누구나 걷기 전에 반드시 기는 과정을 거친다.

계시의 출발

처음 예언사역을 시작할 때, 출발이 늘 화려한 것만은 아니다. 그러나 하찮아 보이는 그 출발의 순간을 결코 무시해서는 안 된다. 우리의 임무는 단지 계시를 전달해 주는 것이다. 주님은 아주 사소하고 단순해 보이는 예언적 계시를 통해서도 사람들의 마음을 깊이 만지신다.

몇 해 전, 나는 어느 주의 작은 마을에서 예언훈련에 관해 강의하고 있었다. 대략 50명가량이 모인 집회에서 예언적 은사에 관한 기초적인 사항들을 설명했다. 그런 후 나는 모임에 참석한 다른 이들을 찾아가서 실제로 사역해 보라고 지시했다. 그때 인근 마을에서 온 한 젊은 여성이 다른 사람들로부터 예언사역을 받겠다며 자원하고 나섰.

우리는 우선 그녀를 위한 메시지를 달라고 주님께 기도했다. 기도 후 사람들은 주님이 주신 말씀들을 나누기 시작했다. 많은 이들이 그 여성에게 힘이 될 만한 성경구절과 환상을 이야기해 주었다. 모임에 참석한 사람들 중 그녀를 아는 이는 한 사람도 없었다. 그러나 그들이 전해 준 대부분의 메시지는 그녀의 현재 상황과 그대로 일치했다. 그날 일정이 거의 끝나갈 무렵, 뒤편에 앉아 있던 한 남성이 일어나 말했다. 그는 어떤 이미지를 받았는데, 그 의미를 도통 모르겠다고 했다. 그가 기도 중에 본 것은 캥거루 그림이었다.

엉뚱해 보이는 그의 말에 좌중은 순간 웃음바다로 변했다. 서로들 캥거루에 대한 농담을 주고받으며 큰 소리로 떠들기 시작했다. 정작 캥거루 이야기를 꺼낸 그 남성은 회중들의 반응에 당황한 표정이 되어 자리로 돌아가 앉았다.

산만해진 질서를 다잡기 위해 애쓰는 가운데 나는 그 젊은 여성에게 혹시 과거에 오스트레일리아에 다녀온 일이 있느냐고 물었다. 그녀는 자신이 2년 동안 오스트레일리아 선교사로 사역하였으며, 그곳에 있는 동안 목장 일로 생계를 유지했다고 대답했다. 그 목장 주인은 애완용 캥거루를 키웠는데, 그 캥거루가 그녀가 가는 곳마다 졸졸 따라다니곤 했다는 이야기도 했다. 그녀는 현재 미국에 돌아와 주님의 인도하심을 구하는 중이라고 말했다. 순간 떠들썩하던 집회 장소가 갑자기 조용해졌고, 온 방안이 하나님에 대한 경외감으로 가득 찼다.

이 단순한 예언적 메시지로 인해 그녀는 그 후 새롭게 1년 반이라는 긴 여정에 발을 내디뎠다. '캥거루 메시지'에 용기를 얻은 그녀는 한 사역훈련학교에 참석하기 위해 이사를 했는데, 그 메시지를 받고 난 후 미처 1개월도 되지 않은 시점이었다. 두 달 후 한 예언사역자가 그녀의 학교를 방문했다. 그는 집회 도중 그녀의 이름을 호명한 후 오스트레일리아와 뉴질랜드로의 부르심에 관한 예언적 메시지를 전해 주었다.

그로부터 한 달 후 또 다른 사역자가 그 학교를 방문했다. 그 역시 그녀에게 이전 것과 유사한 예언을 해주었다. 졸업할 때쯤 그녀는 뉴질랜드에서 가장 강력한 한 사역단체로부터 협력사역을 요청받았다. 그녀는 지금 뉴질랜드에 살면서, 뉴질랜드뿐 아니라 오스트레일리아와 기타 아시아 전역을 다니며 사역하고 있다. 그녀는 자신을 주님의 섭리 가운데 지리적으로 1만 마일 이상이나 떨어진 곳에 오도록 해준 촉매제로, 어느 작은 마을의 소규모 집회에서 받은 아주 단순한 메시지를 꼽고 있다.

이 이야기는 단순하지만 심오한 몇 가지 원리들을 제공해 준다. 첫째, 무엇이든 할 만한 가치가 있는 일은 초라하게 시작한다. 이 말에 완전주의자들은 화를 낼지도 모르겠다. 그러나 이것은 여전히 분명한 진리이다. 우리의 출발은 현재 존재하고 있는 위치에서부터 시작된다. 현재의 위치를 기점으로 성장해 나아간다. 그런데 종종 사역은 시작하지도 않은 채 미리부터 탁월한 사역만을 꿈꾸는 이들이 있다! 그러나 그것은 결코 있을 수 없는 일이다.

모든 음악가들은 한 명도 예외 없이 연주기법을 배우면서 수천 번의 실수를 저지른다. 그들은 이런 과정을 거치면서 점차 노련한 연주자로 변모되어 간다. 예언사역자의 경우도 마찬가지이다. 처음 예언사역에 입문한 자에게 모든 면에서 완벽함을 요구하는 것은 어불성설이다. 탁월한 예언사역자가 되려면, 기꺼이 실수할 각오를 해야 한다. 일단 사역에 착수하는 것이 중요하다. 시작은 빠르면 빠를수록 좋다. 그만큼 더 빨리 노련한 사역자가 될 수 있다.

캥거루 메시지를 전해 준 남성의 예를 생각해 보자. 그의 시작은 매우 초라했다. 아주 간단한 그림 외에 그는 계시에 대한 해석도 갖고 있지 못했다. 그러나 그 초라한 출발을 기점으로 그는 이제껏 놀랍게 성장해 왔다. 예언사역자로서의 그를 가장 최근에 본 것은 캥거루 메시지 사건 이후 2년이 지난 시점이었다. 그는 자신감으로 충만해 있었고, 놀랄 만큼 정확한 예언을 하고 있었다. 실패할 경우 거짓 예언자로 낙인 찍힐지도 모른다는 두려움이 없는 안전한 환경 가운데 '자신의 역량을 마음껏 시험해 볼' 자유가 없었다면, 그가 은사 안에서 지속적으로 성숙해 가는 일은 불가능했을지도 모른다.

여기서 우리는 또 하나의 중요한 교훈을 발견한다. 캥거루 메시지를 전해 준 그 남성은 자신이 본 그림의 해석을 애써 꾸며내려 하지 않았다. 단순히 하나님이 주신 것을 나누어 주었을 뿐이다. 그는 분명한 하나님의 말씀을 자신의 해석으로 희석시키지 않았다. 다만 빈 공백을 하나님이 직접 채우시도록 맡겨 드렸다. 하나님의 말씀 한 마디는 인간의 천 마디 말보다 훨씬 더 강력하다. 그가 마음으로 본 이미지는 다소 엉뚱한 것만 같았다. 그러나 주님은 그 계시에 대한 해석을 다른 사람을 통해 주셨다. 한 마디의 메시지가 계속해서 수많은 사람들을 변화된 삶으로 이끌어 주었다.

불완전한 계시

예언사역에 갓 입문한 사람이 경험하는 또 하나의 장벽은 '불완전한 계시'이다. 언젠가 컨퍼런스를 위해 프랑스에 갔을 때, 밤에 잠자리에 들자마자 주님이 한 가지 환상을 보여 주셨다. 빨간 머리의 여성이 오스트레일리아인의 모자를 쓰고 있는 장면이었다. 환상을 보자마자 순간적으로 내 안에 이런 생각이 들었다. '오스트레일리아인 남편을 필요로 하는 여성이군.' 나는 이 환상이 누구를 위한 것인지는 알지 못했다. 다시 전등을 켜보니 나와 함께 프랑스 여정에 동참했던 한 팀원이 주님께 받은 메시지를 기록하는 중이었다. 우리는 각자 무슨 말씀을 받았는지에 대해 대화를 주고받지 않았다.

다음날 이 팀원이 어느 한 남성에게 사역을 시작했다. 점심식사 때마다 우리를 위해 운전을 해준 그는 복음전도자였다. 나의 팀원은 그에게 주님이 그의 편이시라는 것과 금년은 작년보다 훨씬 더 나은 해가 될 것이라고 격려해 주었다. 그는 감사하다고 말하며 지난 한 해 동안 겪은 고통스런 이야기를 꺼내 놓았다. 그는 오스트레일리아 출신의 한 아가씨와 약혼을 하려고 했으나 결국 파혼하기로 했다고 하였다. 그 결정이 주님의 뜻이라고는 느껴졌지만, 견뎌내기에 너무나도 고통스러웠다. 심지어 그는 사역에서도 거의 손을 떼고 있었다.

즉시 나는 그에게 전날 밤에 본 오스트레일리아인의 모자를 쓴 여인의 환상을 이야기해 주었다. 그러자 내 친구도 내가 환상을 본 바로 그 시각에 이 남성을 격려해 주라는 메시지를 받았다고 했다! 우리는 그에게 이 상황에 관해 모든 것을 설명해 줄 수도 없을뿐더러 더 이상의 통찰도 받은 것이 없다고 솔직히 말했다. 그는 우리가 받은 불완전한 계시로 인해 여전히 해결되지 않은 여러 가지 의문에 둘러싸여 있었다.

다음날 컨퍼런스가 열리고 있는 홀 안으로 들어가는데, 문득 홀 맞은편에 서 있는 복음전도자 남성의 모습이 눈에 들어왔다. 순간 그의 내면에 어떤 변화가 일어났음을 금방 알아챌 수 있었다. 나는 옆에 있던 동료에게 말했다. "자꾸 물이 새나가게 하는 저 사람 안의 깨어진 부분을 주님이 치유해 주셨어. 저 사람의 영이 오늘은 훨씬 윤택해졌는 걸!" 이 말에 나의 친구는 매우 놀란 표정을 지었다. 그는 나에게 다음과 같은 사실을 들려주었다. 하루 전, 한 여성이 그에게 와서 자신이 본 환상을 말해 주었다고 한다. 그녀가 본 환상은 이 복음전도자 남성을 위한 것이었다. 환상에서 그 남성은 마치 자꾸 물이 새나가는 깨진 질그릇 같았다. 질그릇에 금이 가 있는 모습은 그가 가지고 있던 영의 상처를 의미하였다.

주님은 우리에게 이 남성의 치유는 바로 우리가 불완전하다고 생각했던 계시로 인해 가능해졌다고 확신을 주셨다. 받은 계시가 아무리 불완전해도 주님은 그를 치유하실 수 있었다. 불완전한 계시도 여전히 치유의 능력을 가지고 있다. 성숙한 예언사역자가 되는 과정 속에서 우리는 주님이 주신 것은 무엇이든 소홀히 여기지 말아야 한다. 불완전한 계시여도 상관없다. 물론 주님께 더 많은 부분을 계시해 달라고 구할 수는 있다. 그러나 주님이 더 이상의 계시를 주시지 않더라도 우리는 받은 것을 반드시 전해 주어야 한다.

일반적인 계시

미숙한 사역자들로 하여금 사역을 단념케 하는 또 하나의 방해물이 있다. 그것은 바로 일반적인 계시를 받는 경우이다. 종종 우리는 심오하고 특별한 말씀을 받기 원하여 주님이 주시는 일반적인 계시를 무시해 버릴 때가 많다.

나의 친한 친구 칼의 사례가 바로 여기에 해당된다. 그는 사람들이 지극히 일반적인 것으로 여기는 예언적 계시 덕분에 주님을 만났다. 서른 살이 되기 전만 해도 그는 매우 성공적인 사업가였다. 그러나 서른이 되었을 때, 모든 것이 그의 눈앞에서 산산조각 났다. 어느 날 차를 운전해서 직장에 가던 중 그는 번영일로에 있는 한 경쟁업체의 광고전광판을 보게 되었다. 당시 그는 불신자였으나 늘 정직하게 행하는 자신의 기업은 계속 기울어만 가는데, 타락한 경쟁업체는 왜 그토록 번창하는 것인지 하나님께 의문을 제기했다.

바로 그 순간 주님이 그에게 어떤 장면들을 보여 주셨다. 그것은 주님이 그를 주님께로 이끄시려 할 때마다 그가 거절했던 순간들이었다. 갑자기 그는 감정적으로 와르르 무너져 내리며 차 안에서 울음을 터뜨리고 말았다. 그리고 깊은 양심의 가책과 번민 가운데 울부짖었다. "하나님! 제가 더 이상 돌이킬 수 없을 만큼 하나님에게서 멀어져 버린 건가요?" 사무실에 도착했는데도 눈물은 걷잡을 수 없이 흘러내렸다. 그 후에도 30분 동안이나 계속해서 울음이 그치지 않았다.

가까스로 마음의 평정을 되찾고 있을 때, 사업상 알고 지내던 한 지인으로부터 연락이 왔다. 그는 칼에게 전화를 좀 부탁한다는 긴급메시지를 남겨 놓았다. 칼은 그에게 전화를 걸었고 가까스로 카폰에 연결이 되었다. 그 남성은 자신은 크리스천이며, 종종 칼과 그의 가족을 위해 기도하고 있다고 말했다. 그날 아침 조깅을 하던 중 갑자기 주님께서 칼을 생각나게 해주셔서 그는 달리는 내내 칼을 위해 기도했다. 조깅을 마쳤을 때, 주님은 칼에게 전화하여 다음과 같은 말을 전해 주라고 하셨다. "당신은 더 이상 돌이킬 수 없을 만큼 하나님에게서 멀어져 버린 것이 아니랍니다." 이 일을 계기로 칼은 주님과의 깊은 만남을 갖게 되었다.

대체로 사람들은 눈에 띌 만큼 화려한 예언적 계시를 구한다. 반면, 일반적인 계시에 대해서는 거절하는 경향이 있다. 누군가에게 이렇게 말해 보라. "당신은 더 이상 돌이킬 수 없을 만큼 하나님에게서 멀어지지 않았습니다." 계시를 받는 당사자의 상황을 전혀 모르는 상태에서 이런 식의 말은 인간적인 관점으로는 그다지 높은 차원의 계시나 사역으로 보이지 않는다. 사실상 주님이 우리를 예언사역의 도구로 쓰실 때, 우리가 당사자의 상황을 전혀 모르는 경우가 대부분이다. 여기서 우리는 매우 중요한 개념을 발견하게 된다. 그것은 우리 자신에게는 일반적인 것으로 여겨지는 것도 이를 받게 될 당사자에게는 지극히 적절하고 정확한 계시인 경우가 많다는 점이다. 주님이 주신 예언을 당사자에게 전달하기 전에 자의로 이것을 판단해서는 안 된다. 우리의 임무는 받은 예언을 일단 전해 주는 것일 뿐 판단은 예언을 받은 자의 몫으로 남겨 두어야 한다.

그 밖에도 이 예화는 몇 가지 다른 원리들을 제시해 준다. 우선 이 남성은 자신의 명예가 실추될 위험을 무릅쓰고 하나님께 순종했다. 메시지를 전달해 주기 위해 거절에 대한 두려움 혹은 조롱받을지도 모른다는 두려움을 이겨내야 했다. 이처럼 예언사역을 통해 결실을 기대한다면, 반드시 이러한 두려움을 극복해야 한다. 순종이 남들의 눈에 어리석어 보여도 누군가를 구원하는 힘이 될 수 있다. 이러한 깨달음이야말로 두려움을 극복하는 열쇠이다.

거절된 계시

예언사역 입문자들이 다루어야 할 또 하나의 영역은 바로 '거절된 계시'이다. 대체로 사람들은 예언 분야에서 명성이 있는 사역자로부터 예언을 받고 싶어 한다. 이것은 그다지 올바른 모습은 아니지만, 흔히 볼 수 있는 일이다. 처음 예언사역을 시작하는 사람들은 종종 메시지를 전달받는 사람들로부터 거절을 당한다. 사역을 받는 사람들과의 친분이 전혀 없기 때문이다. 또한 무지로 인해 메시지의 타당성을 알지 못한 채 무조건 거절해 버리는 사람들도 있다.

이와 관련된 좋은 예화가 있다. 언젠가 외국에서 개최된 컨퍼런스에 참석하였는데, 세미나가 끝난 후 한 젊고 친절한 여성이 내게 다가왔다. 그녀는 나를 위해 받은 예언적 메시지를 전해 주고 싶다고 했다. 주님이 나와 내 아내 사이에 상처가 있다고 말씀하셨다면서 우리 부부를 위한 치유기도를 해주고 싶어 했다.

나는 그녀에게 메시지를 전달해 준 것에 대해 감사를 표현했다. 그러나 나와 아내 사이에는 아무런 상처도 없다고 말해 주었다. 그리고 그녀를 격려해 줄 목적으로 한 마디 덧붙였다. 지금 집에는 갓 태어난 어린 아들이 있는데, 가족들과 수천 마일이나 떨어진 이곳에 사실상 그다지 오고 싶지는 않았다고 말이다. 아마도 그녀가 내게서 감지한 것은 가족들에 대한 그리움이었는지도 모르겠다고 말했다. 이 말을 마친 후 나는 곧 발길을 돌려 그 자리를 떠났다. 그런데 너무나 친절했던 그녀가 나를 멈춰 세웠다. 그리고 어찌됐든 나를 위해 기도해 주어도 되겠느냐고 물었다. 나는 기도를 받은 후 다시 한 번 믿음의 행보를 내디딘 그녀에게 감사하다고 말했다.

얼마 후 집에 도착했을 때, 집안에 발을 디디는 순간 우리 부부관계에서 무언가 신선함이 느껴졌다. 두 사람 모두 알아차리지 못했을 뿐 그동안 우리 부부관계에는 상처가 존재하고 있었다. 물론 더 이상은 아니지만 말이다. 주님은 내가 거절했던 예언적 메시지를 통해 우리 부부의 관계를 치유해 주셨다!

위의 사례에 등장하는 여인처럼 메시지를 전해 주다가 거절을 당한다 해도 전혀 염려할 필요가 없다. 예언적 메시지는 거절당하는 순간에도 능력을 발휘한다. 주님은 우리에게 다만 메시지를 전해 주라고 요구하신다. 메시지가 수용되든 거절되든, 더 이상은 우리의 책임이 아니다. 우리가 맡겨진 임무를 완수하면, 나머지는 하나님이 책임지신다.

만약 내가 그 여성에게 이렇게 말했다고 가정해 보자. "당신은 나를 위해 기도해 줄 수 없습니다." 이때 그녀가 나를 위해 기도해 주겠다며 끝까지 고집을 부린다면, 이는 잘못된 일이다. 만일 내가 그녀의 기도를 거절했다면, 나는 분명 주님이 나를 위해 예비해 두신 일들을 놓치고 말았을 것이다. 나의 겸손과 그녀의 기도는 주님의 계획의 일부였다. 우리는 사람들에게 우리가 받은 메시지를 반드시 받아들여야 한다고 강요할 수는 없다. 단지 우리는 받은 메시지를 전해 주기만 하면 된다. 그리고 나머지는 성령께서 행하시도록 내어드려야 한다.

물 위를 걷다

우리 편에서 감당해야 할 몫은 쉽다. 일일이 분석하려 들지만 않는다면 말이다. 그런데 주님이 주신 메시지에 대해 합리적인 이성의 잣대를 들이대기 시작하면, 아마 우리는 그 말씀을 도저히 전달해 주지 못하게 될지도 모른다.

예언사역은 마치 물 위를 걷는 것과 같다. 주님은 우리 힘으로는 도저히 불가능한 일을 요구하신다. 주님은 다른 사람들에 관해, 또한 그들이 처한 상황에 관해 메시지를 전하라고 말씀하신다. 주님이 전하라는 메시지는 이제까지 전혀 생소했던 내용들이다. 자신의 합리성에 사로잡혀 있거나 실패에 대한 두려움이 있는 사람, 바보처럼 보일까 봐 두려워하는 사람은 주님이 시키시는 일을 감당할 수 없다.

예언의 은사를 효과적으로 발휘하려면, 어리석어 보이는 일마저 기꺼이 감수해야 한다. 주님께서 주신 예언적 메시지를 당사자에게 전달하지 않으면 아무 소용이 없다. 하나님이 주신 것은 반드시 전달해 주어야 한다. 고린도전서 14장 3절은 이렇게 말한다. "예언하는 자는 사람에게 말하여."

전달되지 않은 메시지는 아무에게도 유익을 끼치지 못한다. 덕을 끼치고 위로하고 격려하는 울타리를 벗어나지만 않는다면, 치명적인 실수를 저지를 일도 없다. 주님께 받은 예언적 메시지는 그것을 받는 자에게 회복과 치유, 축사를 가져온다. 하나님이 주신 메시지를 함께 나누라. 거짓 예언자라는 오명을 쓸 것에 대한 두려움은 떨쳐 버리라.

Chapter 7

예언사역 관리하기

정확한 예언사역을 위해 주님이 말씀하시는 순간을 알아차리는 것과 주님이 말씀하시는 바를 깨닫는 것은 필수적이다. 그러나 메시지를 어떤 방식으로 전달해 주는가를 아는 것도 매우 중요하다. 예언사역은 늘 주님과 주님의 백성을 영화롭게 하는 방식으로 이루어져야 한다. 하나님의 생각을 단순히 말로 전달하는 것만이 예언사역은 아니다. 예언한다 함은 하나님의 마음으로 말한다는 뜻이기도 하다.

예언사역에서 발생되는 실수에는 미성숙과 불안감으로 인한 것들도 있고, 효과적인 예언사역 방식에 대한 무지로 인한 것들도 있다. 이번 장에서는 일반 지역교회에서 사용할 수 있는 예언사역 관리를 위한 일곱 가지 척도를 제시하고자 한다. 이러한 척도들을 준수할 때, 예언적 메시지는 파괴적인 결과가 아니라 사람들을 세워 주고 격려해 주는 결과를 가져올 것이다.

권위의 분량

하나님이 교회 안에 권위를 세우신 목적을 잘 이해할 때, 예언사역에서 발생하는 수많은 문제들을 해결할 수 있다. 목회자들과 교회 지도자들은 예언하는 자들이 권위를 이탈하여 예언하려는 모습에 대해 가장 큰 우려를 표명한다. 쉽게 말해 예언하는 자들이 예언하지 말아야 할 내용을 예언하거나 잘못된 방식으로 예언하는 경우이다.

하나님 나라에서 권위는 책임감에서 비롯된다. 일반적으로 교회에서 주어지는 권위의 범위는 부여된 책임의 영역과 비례한다. 우리는 책임이 없는 영역에 대해서는 실제적인 권위를 행사할 수 없다.

바울은 자신의 사도직을 변호하기 위해 고린도후서에서 다음과 같이 말한다.

> 그러나 우리는 분수 이상의 자랑을 하지 않고 오직 하나님이 우리에게 나누어 주신 그 범위의 한계를 따라 하노니 곧 너희에게까지 이른 것이라 (고후 10:13)

바울은 고린도 교인들에 대한 자신의 권위를 하나님이 나누어 주신 '범위(분량)의 한계'로 묘사하였다. 바울에게 이러한 분량의 권위가 주어진 데는 이유가 있었다. 고린도 교회는 바울에 의해 태동되었으며, 그는 하나님 앞에서 그들에 대한 책임을 계속하여 짊어지고 있었다.

다음과 같은 비유를 생각해 보자. 이웃에 사는 사람이 우리 집 마당 안으로 들어왔다. 마침 마당에서는 나의 자녀들이 무언가를 하고 있었다. 그런데 그 이웃은 나의 자녀들이 하고 있는 일이 못마땅했다. 이때 그가 나의 자녀들을 직접 훈계한다면 이는 부적절한 모습이다. 아무리 그가 어른이라 해도 그에게는 나의 자녀들을 훈계할 아무런 권한이 없다. 나의 자녀들에 대해 전혀 책임지고 있지 않기 때문이다. 그는 나의 자녀들을 직접 훈계하는 대신, 우려되는 문제점들에 관해 나에게 조언해 줌으로써 내가 그 일을 다루게 할 수 있다. 자녀들을 책임지고 있는 사람이 바로 나이기 때문이다. 또한 자녀들에 대해 권위를 행사할 수 있는 사람 역시 나다.

만일 내가 이틀 동안 출장을 가게 되어 자녀들을 돌볼 책임을 이웃에게 부탁해 놓았다고 가정해 보자. 그렇다면 이제 이틀 동안은 이웃이 나의 자녀들에 대한 책임자이다. 이틀 동안 그에게는 나의 자녀들을 훈육할 수 있는 제한된 권위가 부여된다. 나는 그에게 나의 자녀들에 대한 책임을 부탁함으로써 이들에 대한 권위를 위임한 것이다

일반적인 권위

간혹 예언의 은사가 있고 문제점을 분별하는 능력이 있다는 이유로 교회 안에서 자신이 '일반적인' 권위를 가지고 있다고 여기는 사람들이 있다. 이러한 발상은 수많은 문제를 야기한다. 이들은 어떤 상황에서든 자신에게 예언적 통찰을 가지고 발언할 권위가 있다고 믿는다. 그러나 이는 전혀 경우에 맞지 않는 일이다.

한 지역교회 안에서 아무런 책임도 맡지 않는 사람은 회중들에 대

해 실제적인 권위를 행사할 수 없다. 나는 교회의 목회자로서 교인들에 대한 권위를 가지고 있다. 이는 내가 교인들을 책임지고 있기 때문이다 (히 13:17). 사역을 위해 다른 교회에 간 경우, 나는 그 교회의 교인들에 대해서는 책임이 없다. 따라서 그들에 대해서는 실질적인 권위를 행사할 수 없다.

다른 교회에 가서 사역할 때, 주님은 종종 그 교회에서 문제의 소지가 있는 미래의 지도자들이나 사람들에 관해 예언적 계시를 주신다. 이러한 정보는 계시를 통해 주님께 직접 받은 것으로, 그들과의 실제적인 경험을 통해 알게 된 내용이 아니다. 나는 메시지를 받았다고 해서 이를 즉각 공적인 장소에서 예언하거나 전달하지는 않는다. 그 교회에서 말썽을 일으키는 사람들을 교정하거나 장로들을 임명하는 것은 나의 책임이 아니다. 주님이 그 교회 안에 세우신 지도자들이 이러한 문제에 대한 책임자이다. 내가 이 문제들을 직접 다루려고 했다가는 자칫 그 교회 안에 주님이 세우신 권위를 침범하게 될 수도 있다.

실제 사례

순회사역을 처음 시작했을 무렵, 경배 도중 주님은 나에게 한 남성에 관한 예언적 계시를 주셨다. 그는 그 교회에서 장로 직분을 받을만한 사람으로 존경받고 있었다. 나는 영 분별의 은사를 통해 그가 장로로서 감당하게 될 구체적인 영역까지 볼 수 있었다. 그는 향후 6개월 이내에 장로로 임명될 예정이었다. 주님은 그 남성의 아내에 관해서도 보여 주셨다. 그의 아내는 성격이 무척 강한 사람이었다. 그 교회 안에는 그녀의 강함을 마치 남을 통제하려는 힘으로 줄곧 오해해 온 사람들이 있었는데, 이러한 오해로 인해 그 교회의 목사님은 그를 선뜻 장로로 임명하지 못하고 있었다.

나는 주님께 받은 메시지를 그 부부에게 직접적으로 공공연하게 전달하지는 않았다. 다만 나중에 그 교회 목사님께만 말씀드렸다. 내가 전해 준 계시를 듣고 그 목사님은 깜짝 놀라며 고마워했다. 그는 상황적으로 어떻게 대처해야 할지 몰랐었다며, 예언적 계시와 확증 덕분에 그를 장로로 임명하는 일에 대해 확신을 갖고 추진하게 되었다고 하였다. 나는 내가 전한 메시지만 의지해서 너무 조급하게 행동하지 말고, 목사님의 마음에 평안이 올 때까지 좀 더 기다리면 좋겠다고 조언하였다.

내가 왜 그 부부에게 직접 메시지를 전달하지 않았을까? 모든 회중 앞에서 공공연하게 주님의 예언적 메시지를 선포했더라면 훨씬 더 효과적이지 않았을까? 모든 사람 앞에서 그들 부부를 소개한 뒤 상황을 설명하고 지혜의 말씀을 전달했더라면 더 좋지 않았을까? 그러나 나는 예언적 계시를 그 부부에게 공개적으로 말해 주지 않고, 그 교회 지도자들에게만 개인적으로 전해 주었다. 이 방법이 왜 적절했는지에 대해 몇 가지 이유를 들어 설명해 보겠다.

먼저 그 교회에서 장로를 임명하는 일은 내 책임이 아니었다. 장로를 임명하는 권위는 그 교회의 목회자와 지도자 그룹에게 있었다. 그런 상황에서 내가 그 메시지를 공적인 장소에서 전달했다면, 과연 어떤 결과로 이어졌을까? 교인들 중에는 나의 말에 찬성하는 이들도 있었겠지만, 반면 지도자들은 동의하지 않았을 수도 있다. 내가 아무런 책임감도 없는 자들과 이 예언적 계시를 나누었다면, 몹시 심각한 문제가 야기되었을지도 모른다.

장로 임명은 그에게 있어 아직은 시기상조였다. 어쩌면 예언이 공적으로 선포됨으로써 그는 조바심을 낼 수도 있었을 것이다. 또한 그와 그 교회 지도자 그룹과의 관계가 어려워졌을 수도 있다. 만일 이 메시지가 공적으로 선포되었다면, 이것이 잘못된 방식으로 그의 마음을 장로 직분에 쏠리게 함으로써 오히려 그가 장로가 되지 못할 수도 있다.

내게도 문제가 생겼을 수 있다. 내가 이 메시지를 공적으로 전달했을 경우, 메시지를 판단하는 책임은 전 회중에게 전가된다. 그런데 그들 중에는 이러한 판단을 내리기에 아직 미성숙한 자들이 많을 수도 있다. 반면에 내가 회중을 책임지고 있는 목회자나 장로들에게 개인적으로 이 메시지를 전달하는 경우, 그들은 나름대로 이 메시지를 판단한 후 옳다고 여기는 일을 할 수 있게 된다. 그 교회의 회중을 지도하고 치리할 책임자는 그들이지 내가 아니다.

이 메시지를 전 회중 앞에서 공식적으로 발표하는 데 따른 잠재적인 위험성은 이로 인한 유익을 훨씬 능가한다. 독자 중 어떤 이는 이렇게 생각할 수도 있다. "예언적 메시지를 공식적으로 전달해 주면, 강력하고도 극적인 효과를 얻을 수 있지 않을까요?" 물론 어떤 면에서는 타당한 견해이다. 그러나 나는 강력하고 극적인 존재가 되고 싶은 생각이 전혀 없다. 다만 지혜롭고 효과적으로 살아가고 싶다. 우리는 사역을 통해 사람들을 세워 주기보다 자신의 명성을 세우고 싶은 유혹에 빠지기 쉬운데, 이런 일은 결코 일어나서는 안 된다.

이상의 상황들 가운데 내게 주어진 실질적인 권위는 '준거적인 권위'(referent authority)이다. 내가 이런 유형의 권위를 목회자들에게 행사할 수 있는 것은 나와 나의 사역에 대한 그들의 신뢰 때문이다. 이는 우정과 존경을 바탕으로 한 권위이지, 결코 실제적인 권위는 아니다. 나는 단지 친구의 자격으로 그들에게 메시지를 전해 줄 따름이다. 나는 결코 그들의 삶에 대한 감독자는 아니다.

경고

교회 내에서 권위는 계시가 아닌 책임에서 비롯된다. 당신이 속한 교회의 지도자가 당신의 계시를 받아들이지 않거나 보류하더라도, 이는 전적으로 그 지도자의 특권이다. 일단 지도자가 당신의 의견과 일치하지 않거나 혹은 당신의 통찰을 따르지 않기로 했다면, 당신은 절대로 교회에 속한 다른 누군가를 찾아가 당신이 받은 계시에 관해 의논해서는 안 된다. 이는 하나님이 세우신 권위를 침범하는 일이며, 교회 안에 연합이 아닌 분리를 가져오는 태도이다.

계시의 분량

우리는 권위의 수준에 대해서도 잘 이해해야 한다. 그러나 그 밖에도 받은 계시의 분량(level)에 따라서 예언할 줄도 알아야 한다. 예언을 판단할 책임은 예언사역을 받는 이들에게 있다. 예언사역 시 우리는 받은 계시의 수준에 맞게 메시지를 전달해 주어야 한다.

이미 언급한 바 있으나, 모든 예언적 메시지는 기본적으로 계시, 해석, 적용으로 이루어져 있다. 3장에서 살펴본 바와 같이, 계시의 범주도 낮은 수준부터 높은 수준까지 매우 다양하다. 원래 받은 계시의 수준보다 높은 수준으로 메시지를 전달하면, 주님이 너무도 강력하게 말씀하신다는 오해를 불러일으킬 수도 있다. 만일 우리가 받은 계시의 수준은 영감(impression)인데, 이를 당사자에게 전달할 때에는 '주님이 나에게 당신에 관해 말씀하셨습니다'라고 한다면 이는 정확하지 못한 예언이 된다. 반면에 실제로 주님이 음성을 들려주셨다면, 이를 다음과 같이 정확하게 표현해야 한다. "주님이 나에게 말씀하셨습니다." 천사가 나타나 메시지를 준 경우에도, 전달할 때에는 사실 그대로 말해 주어야 한다.

받은 계시의 수준과 전달하는 계시의 수준을 일치시키는 것은 매우 중요하다. 성경시대에 사신(ambassador)은 가장 신뢰받는 위치에 있었다. 사신으로 선출된 자는 왕이나 그들을 파견한 사람의 말과 태도와 행동을 대표하는 사람이었다. 우리도 마찬가지이다. 예언사역을 하는 우리는 주님의 뜻을 오해하게 해서는 안 되며, 받은 말씀을 그대로 전달해 주어야 한다.

깨달음의 분량

우리는 깨달음의 분량에 따라 예언해야 한다. 예언사역의 입문단계에 있는 신자들 중에는 지극히 경미한 영감이나 환상을 받고는 자신들의 이해를 능가하는 수준으로 예언하려는 이들이 너무도 많다. 이들은 받은 느낌이나 본 것을 단순히 보고하지 않고, 자신들의 이해력을 벗어나 예언적 메시지를 지나치게 상세하게 전달하려고 애쓴다.

이해를 돕기 위해 6장에서 소개한 캥거루 이미지를 받은 한 남성의 사례를 예로 들어 설명해 보겠다. 그는 주님이 주신 이미지가 보잘것없어 보이고 의미도 알 수 없었으나, 이를 꾸밈없이 전달해 주었다. 정작 그 계시에 대한 해석은 다른 사람이 받았으나 사역의 결과는 매우 강력했다. 그것은 외관상 사소해 보였으나 실제로는 매우 특별한 메시지였다. 이 메시지는 당사자에게 지리적으로 1만 마일이나 떨어진 곳에 예정해 두신 하나님의 뜻을 이루는 일에 동기부여를 해주었다.

만일 그가 메시지에 담긴 뜻을 잘 모르겠다는 이유로 머뭇거리며 당사자에게 전달해 주지 않았다면 어떻게 되었을까? 아마도 매우 치명적인 실수가 빚어졌을지도 모른다. 혹시 그가 계시에 대한 해석을 만들어낼 필요를 느끼기라도 했다면, 이 계시가 내포하고 있는 힘을 소멸시켜 버렸을 수도 있다. 주님이 계시에 대한 해석을 주지 않으셨다면, 일부러 해석하려고 애쓰지 말기 바란다!

한번은 어느 컨퍼런스에서 일단의 사람들이 나에게 예언사역을 요청해 왔다. 누군가를 위해 기도하던 중 나는 소리굽쇠의 모습을 선명한 환상으로 보았다. 그 후 주님은 그 사람의 부르심에 대해 알려 주셨고, 그의 성장에 지장을 주었던 어린 시절의 방해물에 관해서도 보여 주셨다. 나는 소리굽쇠의 환상이 무척 중요하다고 확신했다. 다만 그 의미를 알 수가 없어서 서둘러 나름대로 해석을 짜맞추려 했다.

예언사역을 시작하면서 나는 그 남성에게 소리굽쇠의 환상을 보았다고 이야기해 주었다. 이제 막 '내가 만들어낸 해석'을 말해 주려 하는 순간, 그가 신이 나서 함성을 지르며 말했다. 자기의 직업은 피아노 조율사라고 말이다. 곧장 나는 조금도 주저하지 않고 '내가 만들어낸 해석'을 폐기처분했다. 그리고 주님이 보여 주신 그 밖의 계시들을 단순하게 전달해 주었다. 그는 깊은 은혜를 체험했고, 이제껏 그를 괴롭혀온 몇몇 일들로부터 해방감을 얻었다.

만일 그가 나를 저지하지 않았다면 어떻게 되었을까? 아마도 나는 내가 '만들어낸' 해석을 그에게 전달해 주었을 것이고, 그는 주님과의 깊은 만남을 경험하지 못했을지도 모른다. 결국 그는 용기와 힘은커녕 오히려 혼동감만 가중된 채 그 자리를 떠났을 것이다. 주님은 나의 이해력을 뛰어넘으려 한 실수로부터 그를 보호해 주셨다. 이해의 범주를 벗어나는 것을 첨부하지 않고, 아무리 하찮아 보여도 주님이 주신 것을 그대로 전달해 준 것이 훨씬 좋은 결과로 이어졌다.

믿음의 분량

예언사역에서 반드시 준수해야 할 또 하나의 척도가 있다. 그것은 바로 자신의 믿음의 분량을 벗어나지 않아야 한다는 점이다. 이와 관련하여 바울은 로마에 있는 신자들에게 보낸 편지의 말미에 다음과 같이 교훈하였다.

우리에게 주신 은혜대로 받은 은사가 각각 다르니 혹 예언이면 믿음의 분수대로 (롬 12:6)

자신의 믿음의 분량에 맞게 사역하는 일과 관련하여, 우리는 다음의 두 가지 상이한 문제들을 잘 이해하고 있어야 한다. 첫째, 주님은 그분이 원하시는 모든 수준의 예언사역으로 우리를 사용하실 수 있는 분이다. 그러나 어떠한 은혜의 영역에서건 우리는 점진적으로 성장해 간다. 우리는 예언사역의 출발점이 우리가 가진 믿음의 분량에 상응한다는 사실에 만족해야 한다. 일반적으로 주님이 예언사역에 갓 입문한 자에게 누군가의 삶에 대한 깊고 상세한 부분을 말씀해 주시는 법은 거의 없다. 누구든 처음에는 단연코 낮은 수준에서 출발하며, 이는 충분히 좋은 일이다.

예언사역을 믿음의 수준에 따라 행하는 것과 관련하여 또 하나의 숙지사항이 있다. 그것은 우리가 늘 믿음으로 사역해야 한다는 것이다. 주님이 지식의 말씀을 통해 누군가가 현재 아프다는 사실을 당신에게 알려 주셨다고 가정해 보자. 당신은 단지 "당신이 병들었다는 것을 주님이 알려 주셨습니다"라고 말한 뒤 더 이상 아무 관심도 기울이지 않아서는 안 된다. 우리는 주님의 마음을 이해해야 한다. 주님의 뜻은 치유에 있다. 이때 우리는 믿음으로 그들을 위해 기도해 줄 수 있다. 그리고 우리의 기도를 통해 그들이 질병에서 고침 받는 모습을 지켜볼 수도 있다.

몇 해 전, 나에게 한 친구에 관한 아주 강력한 계시가 임했다. 나는 스케줄 달력에서 그 다음날로 예정되었던 그 친구와의 약속 일정을 취소해 놓은 상태였다. 그날 오후, 해야 할 일 목록을 점검하기 위해 달력을 보던 나는 한 가지 사실을 발견하고는 깜짝 놀랐다.

나는 업무를 마칠 때마다 달력에 표시된 일정들 중 이미 처리된 것은 줄을 그어 지우는 버릇이 있다. 혹시라도 일정을 오해하는 일이 없도록 사전에 방지하기 위해서였다. 그런데 일정표 가운데 유일하게 줄로 지우지 않은 메모가 눈에 들어왔다. 바로 그 친구에게 전화하는 일이었다. 메모의 내용을 보는데, 갑자기 '취소'(cancel)라는 글자가 '암'(cancer)이라는 단어로 읽혔다. 나는 고개를 절래절래 흔들며 다시 한 번 쳐다보았다. 친구의 이름 옆에는 분명히 '암'(cancer)이라고 적혀 있었다. 나는 놀라서 다시 보았는데, 이번에는 제대로 '취소'(cancel)라고 쓰여 있었다.

나는 이 일에 관해 주님께 여쭈어 보았다. 주님은 이렇게 말씀하셨다. "원수가 알렌으로 하여금 암이 재발되었다고 믿게 하려고 애를 쓰고 있다." 그 친구를 만난 것은 수년 전의 일이었다. 나와 만나기 전 그는 폐암 판정을 받은 상태였다. 그가 속한 기독교 단체는 하나님이 오늘날에도 치유나 기적을 행하시는 분임을 믿지 않았다. 그 영향으로 그는 주님이 자신을 치유해 주실 것을 기대하지 않았다. 그런데 어느 날 거실에 있는 그에게 주님이 나타나셨다. 주님은 그의 교만을 꾸짖으시고 암을 고쳐 주셨다(그는 암을 치유받기 이전의 X레이 사진과 치유받은 이후의 사진을 모두 가지고 있다).

나는 주님이 알려 주신 것에 대해 의논하기 위해 그에게 전화를 걸었다. 전화가 자동응답기로 넘어가서 나는 약속을 취소한다는 간단한 메시지를 남겨놓았다. 이런 종류의 메시지를 자동응답기에 남기고 싶지 않았던 나는 나중에 다시 전화를 걸어야겠다고 생각했다. 그런데 어처구니없게도 그만 이 사실을 까맣게 잊어버리고 말았다.

그로부터 2주 후 한 동료와 함께 여행을 끝내고 샤를로트에 돌아오던 중 나도 모르게 알렌이 사는 동네 쪽으로 운전해 가고 있었다! 나는 동료에게 지난번 주님께서 계시해 주신 내용을 설명해 주었다. 우리는 잠시 알렌의 집에 들러 사역하기로 했다.

내가 탄 차가 알렌의 집 앞으로 진입할 때쯤, 그의 아내가 그들이 소유하고 있는 다른 건물에 들렀다가 집으로 돌아오는 중이었다. 나는 그녀에게 남편이 어디 있는지 물었다. 그녀는 남편이 줄곧 앓아누운 채 지내 왔으며, 지금 집에 있다고 대답했다. 나는 즉시 그녀에게 말했다. "남편은 자신의 암이 재발되었다고 믿고 계시죠? 제 말이 맞나요?" 그녀는 깜짝 놀라며 그렇다고 수긍했다.

집안에 들어가자 알렌은 침실에 있다가 모습을 드러냈다. 몹시 초췌한 모양새였다. 실제로 이미 열흘 전부터 기침이 시작되어 지속되고 있었다. 그의 증세는 수년 전 주님의 치유를 경험하기 이전과 매우 흡사한 느낌이었다. 암이 재발되었다고 믿게 한 원수의 속임수에 관해 주님이 뚜렷한 음성으로 계시해 주지 않으셨더라면, 아마 나 역시 깜빡 속아 넘어갔을지도 모른다. 영락없이 그는 암으로 몹시 괴로워하고 있는 사람의 모습이었다.

나는 받은 계시의 메시지를 그에게 설명해 주었다. 그리고 동료와 함께 그를 위해 기도해 주었다. 우리는 그가 원수의 속임수에서 해방되어 건강을 회복하게 해달라고 기도했다. 기도하는 동안 주님은 이 상황에 관하여 또 다른 예언적 통찰들을 주셨다. 그로부터 1주일 후 그는 조직검사를 받았다. 검사 결과 수년 전 암이 있다가 사라진 그의 폐 부위에서 양성종양이 발견됐다. 이는 수술을 통해서도 충분히 제거할 수 있는 종양이었다. 요즘 그는 매우 건강하게 지내고 있다.

당시 그의 담당 의사들은 깜짝 놀랐다. 그의 폐에서 발견된 종양은 이제껏 처음으로 발견된 종류였다. 아무에게서도 그런 종양이 발견되었다는 의학적 자료를 찾아볼 수가 없었다. 우리는 다음과 같은 결론을 내렸다. 주님께서 분명한 메시지를 주지 않으셨더라면, 우리가 원수의 계략에 동의한 것을 파쇄하지 않았더라면, 그 종양은 틀림없이 암으로 발전했을 것이다. 또한 내가 믿음이 아니라 두려움에 기초하여 행동했더라면, 내 친구의 삶을 향한 주님의 목적은 이루어지지 못하고, 오히려 원수의 목적에 동의하는 일에 이용당하고 말았을 것이다. 예언사역은 반드시 믿음 안에서 행해져야 한다!

주님이 예언적으로 말씀하시는 이유는 현재의 상황을 변화시켜 사단의 계략들을 선취하시기 위함이다. 이 사실을 반드시 기억하라. 우리는 사단의 계획을 마치 하나님의 섭리인 양 예언하려는 올무에 빠지지 말아야 한다. 믿음 안에서 예언사역을 한다는 것은, 단순히 주님과 주님의 긍휼하심에 대한 확신을 따라 예언하는 것을 의미한다.

사랑 안에서 행하라

내가 예언하는 능력이 있어 모든 비밀과 모든 지식을 알고 또 산을 옮길

만한 모든 믿음이 있을지라도 사랑이 없으면 내가 아무 것도 아니요 (고전 13:2)

예언은 본질상 하나님으로부터 온 메시지를 전달하는 일이다. 그러나 우리가 잊지 말아야 할 것이 있다. 우리가 예언하는 대상은 하나님의 자녀들이다. 예언사역자의 동기는 늘 하나님의 사랑에 바탕을 두어야 한다.

예언사역자들과 예언사역에 대한 전통적인 시각은 다소 왜곡되어 있는 것이 사실이다. 많은 이들이 예언자들을 마치 다수의 무리를 향해 심판의 메시지를 선포하는 성난 사람이라고 상상한다. 그러나 다른 모든 사역들과 마찬가지로 예언사역의 원동력도 다름 아닌 하나님의 사랑이어야 한다.

요한계시록 19장 10절에서 요한은 이렇게 말한다. "예수의 증언은 예언의 영이라." 예수님의 증거는 인류를 향한 하나님의 희생적인 사랑이다. 그러므로 예언의 원동력도 하나님의 사랑이다(이 주제에 관해서는 다음 장에서 집중적으로 살펴보기로 하자). 예언할 때에는 언제든 하나님의 사랑의 속성이 드러나야 한다.

하나님의 말씀을 전달한다 하면서 정작 하나님의 마음을 오해하게 하는 실수를 저지르는 사람들이 있다. 주님은 예언의 은사로 인해 사람들이 망가지는 것을 원치 않으신다. 주님은 사람들을 세워 주기 원하신다. 바울이 고린도전서에서 말한 대로 사랑은 덕을 세운다. 사랑 안에서 예언사역을 할 때, 결코 파괴적인 결과가 아닌 세워지는 역사가 나타날 것이다.

소망을 나누어 주라

바울은 고린도전서 13장에서 사랑에 관한 가르침을 마무리하면서 영원히 존재할 세 가지 덕목 믿음, 소망, 사랑을 언급한다. 그리스도의 몸 된 교회를 위한 사역이 영속적인 것이 되려면, 반드시 이 세 가지 특질들을 내포하고 있어야 한다. 우리를 통해 전달되는 모든 예언적 메시지는 단지 믿음 안에서 사랑에 동기를 두고 전달되는 데 그쳐서는 안 된다. 예언적 메시지는 소망을 전해 주는 역할도 수행해야 한다.

구약성경을 대충 훑어보아도 알 수 있는 사실이 하나 있다. 그것은 주님께서 그의 백성들이 변화된 행동을 보이기만 하면 언제라도 기꺼이 심판을 취소하거나 연기해 주셨다는 것이다. 이것이야말로 대부분의 예언이 지닌 목적이다. 다음 말씀에 계시된 하나님의 마음을 숙고해 보라. "주 여호와의 말씀이니라 죽을 자가 죽는 것도 내가 기뻐하지 아니하노니 너희는 스스로 돌이키고 살지니라"(겔 18:32).

니느웨나 아합을 다루시는 주님의 모습 속에서, 우리는 정의로우실 뿐 아니라 긍휼이 풍부하신 하나님을 발견하게 된다. 주님은 은혜로우시며 오래 참으시는 분이다. 주님은 모든 이들이 그분의 법도를 따라 살아감으로 복 받기를 갈망하신다. 주님은 항상 소망을 주신다. 이처럼 우리의 예언사역도 반드시 소망의 사역이 되어야 한다.

겸손한 사역자

끝으로, 예언사역을 함에 있어 늘 겸손한 자세를 잃지 말아야 한다. 누군가를 대상으로 사역할 때, 그 사역이 결코 '백지상태'에서 출발한 것이 아님을 기억하라. 이전에 예언사역의 길을 간 수많은 이들이 하나님의 마음을 잘못 전달하는 오류를 범했다는 사실을 반드시 기억하라. 우리는 예언의 영, 곧 겸손으로 표현되는 사랑을 회복해야 한다.

그리스도에 관한 이사야의 묘사와 예언을 사역의 모델로 사용할 때, 우리는 예언을 바르게 관리할 수 있을 뿐 아니라 예언사역으로 인해 과거에 상처를 받은 사람들도 치유할 수 있다.

> 내가 붙드는 나의 종, 내 마음에 기뻐하는 자 곧 내가 택한 사람을 보라 내가 나의 영을 그에게 주었은즉 그가 이방에 정의를 베풀리라 그는 외치지 아니하며 목소리를 높이지 아니하며 그 소리를 거리에 들리게 하지 아니하며 상한 갈대를 꺾지 아니하며 꺼져가는 등불을 끄지 아니하고 진리로 정의를 시행할 것이며 (사 42:1-3)

상한 갈대를 꺾지 않는다는 의미는 무엇일까? 이는 유린된 삶을 살아온 사람들을 거칠게 대하지 않는다는 뜻이다. 꺼져가는 등불을 끄지 않는다는 것은 무엇을 의미할까? 이는 한때 영적 생명으로 타오르다가 지금은 희미하게나마 남아 있는 불씨를 꺼뜨리지 않는다는 뜻이다. 예수님처럼 되려면, 우리는 가장 낮은 자리에 있는 사람에게도 생명을 예언해 줄 수 있어야 한다. 단지 그들이 얼마나 심각하게 타락했는지를 말해 주는 데 그쳐서는 안 된다.

실제적인 겸손

나는 사역할 때마다 위압적인 존재가 되지 않으려고 무던히 애를 쓴다. 내 앞에 앉아 있는 사람에게 사역할 경우, 나는 그들 앞에 똑바로 선 채 메시지를 전달하지 않는다. 그들 앞에 무릎을 꿇음으로써 보다 낮은 자세를 취한다. 이로써 그들은 위협적인 느낌 혹은 비굴한 위치에 있다는 느낌을 받지 않을 수 있다. 나는 가능한 한 모든 방법을 동원하여 사람들에게 하나님의 사랑을 전해 주고 싶다.

누군가에게 손을 얹고 기도해 줄 권리가 나에게 있다고 생각해 본 적은 한 번도 없다. 우리 사회 안에는 언어적 학대, 신체적 학대, 성적 학대를 받으며 지내온 사람들이 너무나 많다. 우리는 주님의 부드러움과 겸손으로 이들을 치유하기 원한다. 우리는 누군가를 위해 기도해 주거나 손을 얹기 전에 반드시 당사자의 허락을 구한다. 이를 통해 그들은 자신이 보호받고 있으며, 사역이 그들의 허용 여부에 달려 있음을 깨닫는다. 손을 얹는 것을 당연히 여기지 말라. 먼저 상대의 허락을 구하라.

삶의 일부가 되게 하라

　이상에 언급한 깨달음들을 일상생활 속에서 증가시켜 나가려면 연구가 필요하다. 그러나 다양한 목록들로 구성된 예언사역 점검표는 쉽사리 만들어질 수 있는 것이 아니다. 예언적 메시지를 받을 때마다 매번 이 점검표로 점검할 수도 없다. 이 모든 것은 주님과 함께하는 예언적 삶 자체가 되어야 한다. 우리는 이러한 삶으로 부름 받았다. 이것들이 삶의 일부가 될 때, 우리는 날마다 더해 가는 주님의 예언적 은총 가운데 쓰임 받게 될 것이다.

Chapter 8

예언의 영 회복하기

예언자와 예언사역을 둘러싼 오해는 무수히 많다. 예언사역을 마치 하나님의 심판을 큰 소리로 외쳐대는 소수의 성난 사람들이나 하는 것으로 여겨온 이들이 너무도 많다. 실제로 최근에 한 목회자가 나에게 이런 말을 했다. "교회 안에서 예언사역을 하는 것은 매우 위험스럽습니다." 나는 그의 견해에 동의하지는 않는다. 하지만 그의 말 이면에 내재된 걱정과 좌절감은 충분히 이해할 수 있다. 예언사역에 대한 여러 오해들과 몇몇 예언사역자들에 의한 실수들로 인해, 실제로 수많은 사람들이 예언사역자가 되는 일에 두려움을 품게 되었다.

이러한 상황에서 우리는 아주 중대한 일련의 질문들과 직면하게 된다. 과연 예언의 은사를 가진 사람들은 부르심의 특성상 반드시 그렇게 비판적이고 긍휼도 없으며 화를 잘 내야만 하는가? 예언의 은사를 가진 사람이 분노하고 가차 없이 행동하는 것은 당연한가? 당신이 사랑과 배려심이 많은 사람이라면, 성경에 등장하는 수많은 예언자들에 비해 훨씬 열등한 예언자라는 뜻인가? 그렇지 않다면, 우리가 예언자와 예언사역에 대해 심각한 오해를 품고 있는 것이 틀림이 없다.

앞에서도 언급한 바와 같이, 이 책은 결코 예언자의 직무에 관한 보고서는 아니다. 그러나 예언의 영(spirit of prophecy)의 회복과 이에 대한 이해를 위해 성경에 나타난 몇몇 예언자들의 삶과 직무를 면밀히 살펴보자.

우리는 제한된 시각을 갖고 있다

예언사역으로 부름 받은 자들에 대한 일반적인 시선들은 대부분 왜곡된 것이 많다. 심지어 어떤 견해들은 위험스럽기조차 하다. 이런 견해들은 대체로 구약성경의 몇몇 예언자들에 대한 매우 편협한 관점에서 기인하고 있다. 구약성경의 예언자들을 포괄적인 시각으로 바라보지 않는 이들이 너무도 많다.

수많은 사람들이 구약의 예언자들과 그들의 업적에 온통 매료된 나머지, 그들의 성격상의 결함들을 마치 '예언적 특성'으로 여겨온 것이 사실이다. 잘못된 것을 잘못되었다고 올바로 분별하지 못하고, 오히려 그들을 변호하고 합리화하는 구실로 삼아 왔다. 이런 현상이 나타난 것은 두 가지 기본적인 문제들 때문이다. 첫째, 하나님의 마음에 대한 우리의 이해는 매우 부정확하다. 성경의 실제 내용과는 정반대의 사실을 믿고 있는 사람들도 부지기수다. 이들은 하나님을 화도 잘 내고 참을성도 없으며 쉽게 분노하는 분으로 여긴다. 아마도 이제껏 우리의 예언사역을 통해 드러난 하나님의 이미지가 이런 모습이었기 때문일 것이다.

둘째, 우리는 성경의 예언자들에게서 드러나는 상반되는 두 가지 모습을 받아들이기 힘들어했다. 대단한 계시와 능력을 행하면서도 여전히 죄악된 태도를 지니고 있는 양면적인 모습 말이다. 하나님이 권능과 계시를 연약하고 불완전한 자에게 풀어놓으실 리가 없다는 것이 많은 이들의 생각이었다. 결국 우리는 예언자들이라면 으레 거칠고 비판적인 사람들일 것이라고 간주해 왔다. 한편, 잘못된 태도를 지닌 예언자를 하나님이 그토록 강력하게 사용하셨을 리가 없을 것이라 여기는 사람들도 있었다.

계시와 권능을 행하는 사람이라고 해서 그의 삶의 태도 또한 성숙하다고 할 수는 없다. 이런 원리를 잘 이해하는 자야말로 성숙한 사람이다. 성경의 예언자들이 하나님을 매우 가혹하며 쉽게 용서해 주지 않는 분으로 오해하도록 만든 것은 분명 잘못이다. 실제로 하나님은 예언자들이 지은 죄의 짐을 각각 그들 자신이 담당하게 하셨다.

시각을 확장하다

물론 구약의 모든 예언자들이 난폭하고 거칠었던 것만은 아니다. 예언사역에 대한 주님의 마음을 정확하게 이해하기 위해서는 예언자들에 대한 시각을 넓혀야 한다. 그리고 현존하는 예언적 '역할 모델들'을 다시 점검해 볼 필요가 있다.

고린도전서 14장 3절에서 바울은 예언의 목적이 서로 덕을 세우고 권면하고 위로하는 데 있다고 말한다. 그런데 대부분의 구약성경의 모델들은 이러한 기준에 도달하지 못하고 있다. 우리의 경험에 비춰 보더라도 이런 기준에 못 미치는 예언사역자들이 너무 많다. 우리는 이러한 현상을 어떻게 조화롭게 수용할 수 있을까?

우선 반드시 인정하고 넘어가야 할 것이 있다. 그것은 우리의 경험이 몇몇 소수와의 만남이라는 한계를 벗어날 수 없다는 것이다. 제한된 경험만으로 예언사역을 정의하려는 것은 마치 코끼리와 네 소경의 우화와 같다. 이 우화에서 네 명의 소경들은 각각 자기가 만진 코끼리의 신체 부위만으로 코끼리를 정의하려 애썼다. 부분적인 경험을 가지고 전체를 표현하려 함으로써, 우리는 예언사역의 참된 의미와는 상반되는 심각한 풍자를 만들어 내고 말았다.

한 사람만을 바라보는 것의 위험성

릭 조이너는 교회 안에 한 가지 중대한 문제가 존재한다고 지적했다. 그것은 바로 어느 단체에 대해 그 단체가 지니는 가장 극단적인 요소로 판단하려는 경향성이다. 예언사역에 대한 태도도 예외는 아니다. 예언자를 생각할 때마다 흔히 사람들은 엘리야를 가장 먼저 떠올린다. 우리가 보는 엘리야는 하나님을 배신한 온 민족을 향해 회개를 촉구하며 갈멜산 위에서 영적 전쟁을 벌인 사람이다. 또한 그는 홀로 고요하게 기도를 드렸고, 하나님은 그런 엘리야의 기도에 불로써 응답해 주셨다. 우리가 보는 엘리야는 거짓 예언자들을 도륙함으로써 하나님의 심판을 만인 앞에 드러낸 사람이다. 우리는 예언사역을 생각할 때마다 권능과 기적과 거룩함을 떠올린다.

엘리야와 그 밖의 예언자들은 단연코 인상적인 인물들이다. 이들은 너무도 자연스럽게 예언사역의 표준으로 자리매김 해왔다. 그러나 기본적인 사역의 원리를 모르는 사람에게 이러한 사실은 심각한 위험요소로 작용할 수도 있다. 하나님이 누군가의 메시지 안에 능력을 불어넣어 주셨다고 해서, 반드시 그 사람의 삶이 올바르다고 판단하셨기 때문인 것은 아니다. 우리는 예언자들의 업적과 그들의 잘못된 태도를 구분할 수 있어야 한다. 그럴 때, 비로소 예언사역에 관한 정확한 표준을 확립할 수 있다.

영적인 최후통첩을 다루는 것이 예언사역의 유일한 기능은 아니었다. 구약의 수많은 예언자들은 이스라엘 왕들의 상담자 역할도 담당했다. 이방 왕들에게 하나님의 뜻을 전해 준 예언자들도 있었다. 구약성경의 모든 예언자들이 주변사람들에게 늘 거친 태도로만 대한 것은 아니었다. 예언자들에 대한 시각을 확장시켜 감에 따라, 예언사역 및 예언사역의 참된 의미에 대한 이해의 폭도 계속 확장될 것이다.

엘리야 모델

많은 사람들이 엘리야를 예언사역 분야의 가장 숭고한 모델로 여긴다. 엘리야는 이스라엘 안에서 자행되는 우상숭배에 대해 조금의 타협 없이 강경하게 맞섰다. 역대 이스라엘 왕들 중 최악의 왕 앞에도 담대히 서서 두려워하거나 타협하지 않고 하나님의 말씀을 선포했다. 그는 자신의 말이 없으면 앞으로 비가 내리지 않을 것이라고 선포했다. 실제로 그 후 3년 동안 비가 오지 않았다(왕상 17:1). 엘리야는 단 한 번의 대결로 혼자서 850명의 거짓 예언자들을 죽였다(왕상 18:19). 그는 훌륭한 믿음과 용기를 보여 주었다.

그러나 성경은 엘리야가 우리처럼 약한 본성을 지닌 사람이었다고 증언한다(약 5:17). 그에게는 동정심, 참을성, 구속적인(redemptive) 마음이 부족했다. 로마서 11장 2-3절에서 바울은 엘리야를 가리켜 분노와 절망 가운데 이스라엘 민족을 고발하는 기도를 드린 자라고 기록한다. 엘리야는 이스라엘 백성들에게 엄중한 심판을 내려 달라고 하나님께 부르짖었다.

성경은 오바댜에 대해 하나님을 지극히 경외한 사람이라고 증언한다(왕상 18:3). 엘리야는 심지어 이런 오바댜에 대해서마저 잘못된 판단을 내렸다. 엘리야는 고집도 셌다. 하나님이 맡겨 주신 직임을 채 완수하지도 않고 후계자의 몫으로 남겨 놓았다(왕상 19:15-16). 물론 그는 담대한 신앙의 사람으로 존경받기에 합당했다. 그러나 신약의 예언자와 예언사역의 참뜻을 제대로 구현하는 삶을 살지는 못했다.

아합 왕을 도운 참 예언자들

엘리야 시대에 살았던 다른 예언자들에 관해 연구해 본다면, 엘리야를 예언사역의 원형으로 여기는 사람들이 중요한 깨달음을 얻을 수 있다. 주님은 전쟁 중 아합 왕에게 지시와 격려를 주시기 위해 세 가지 경우를 통해 엘리야 이외의 다른 예언자들을 보내 주셨다(왕상 20:13-38). 오늘날 많은 사람들이 예언사역에 대한 편협한 이해를 고수하면서, 하나님이 이스라엘을 우상숭배의 도가니로 몰아넣은 아합 왕마저 도우시고 격려하시기 위해 여러 예언자들을 보내 주셨다는 사실을 떠올리지 못한다.

구약시대 이스라엘의 최악의 왕이 집권하던 시절에도, 예언자들은 지도자 자리에 있는 한 사람을 돕고 격려해 줄 목적으로 보냄을 받았다. 그들은 어떻게 이 일을 감당할 수 있었을까? 그것은 그들이 능력의 원천을 오래 참으시고 인내하시는 하나님께 두었기 때문이다. 물론 예언자들이 죄를 조장한 것은 아니었다. 다만 그들은 전쟁 중이거나 하나님의 원수들과의 싸움을 준비할 때, 왕들에게 힘과 도움을 주었다. 이러한 모습이 구약시대에도 가능했다면, 하물며 신약시대에 예언사역이 얼마나 더 구속적인 기능을 감당해야 할지는 두말할 나위가 없다.

아합 왕이 하나님의 명령에 불순종했을 때, 또 한 명의 예언자가 찾아와 주님의 말씀을 거역하는 그를 책망했다(왕상 20:41-43). 아합은 후일 엘리야가 하나님의 심판을 경고했을 때에야 비로소 회개했다. 여기서 한 가지 놀랄 만한 사실이 있다. 하나님께서는 엘리야에게 하나님 앞에서 겸비해진 아합의 모습을 주목해서 보라고 말씀하셨다(왕상 21:17-29). 하나님은 아합의 회개를 보시고 그의 집안에 내리시려 했던 심판을 연기하셨다. 하나님은 구원하고 속죄하고 용서해 주려는 마음을 지니신 분이다. 하나님은 엘리야에게 이러한 그분의 마음을 가르쳐 주시려고 애쓰셨다. 엘리야를 통해 심판이 아니라 자비를 베푸시며 즐거워하시는 하나님의 성품이 드러나기를 원하셨다.

오늘날의 예언자들은 엘리야를 향한 하나님의 가르침에 반드시 귀 기울여야 한다. 주님은 그분의 백성들에 대해 참으로 오래 참으시는 분이다. 주님은 자비를 베풀기 원하신다. 누구든 조금이라도 회개의 기미를 보인다면, 주님은 그를 신속히 좋은 쪽으로 인도해 주신다(눅 15:17-23).

너희는 무슨 영으로 행하느냐?

엘리야의 삶은 예언자들에 대한 또 하나의 불리한 개념을 드러낸다. 엘리야는 이스라엘 왕 아하시야의 우상숭배를 따끔하게 직면시킨다. 이에 아하시야는 엘리야를 왕궁으로 데려오라며 오십 부장과 오십 인을 함께 보낸다. 그들은 엘리야가 있는 데로 가서 함께 왕에게로 가자고 요청한다. 이때 엘리야가 하늘에서 불을 끌어내려 그 군인들을 죽인다. 또 다른 오십 부장과 오십 인이 엘리야를 데려가기 위해 파견된다. 그러나 이들 역시 하늘에서 내려온 불에 타 죽고 만다(왕하 1:9-12).

이 일화를 진지하게 받아들이면서도 정작 원수를 사랑하라는 예수님의 명령은 소홀히 여기는 이들이 쉽게 빠지는 한 가지 오해가 있다. 그들은 예언자들의 삶은 성령의 열매를 맺지 않아도 되며, 사랑 안에서 행하지 않아도 된다고 믿는다. 이런 그릇된 믿음에 함몰된 예언사역자들 중에는 거절이나 위협을 당할 때마다 너무도 쉽게 심판을 선포하는 자들도 있다. 실제로 예수님의 제자들조차 이런 믿음을 가지고 있었다.

어느 날 예수님이 예루살렘으로 가시다가 사마리아를 통과하시게 되었다. 그런데 사마리아인들은 예수님이 그곳을 지나가시지 못하게 했다(눅 9:51-56). 모욕을 당해 화가 난 제자들이 예수님께 이렇게 물었다. "주여 우리가 불을 명하여 하늘로부터 내려 저들을 멸하라 하기를 원하시나이까"(눅 9:54). 제자들은 하늘에서 불을 끌어내리는 일을 예수님께 요청하지 않았다. 그들은 주님을 위해 자신들이 이 일을 해도 좋은지 물어보았다!

이 말을 한 제자들은 바로 전날 귀신 들린 한 아이를 위해 축사조차 제대로 행하지 못했던 이들이었다. 이들은 사랑이 아니라 분노에 자극을 받아 행동하려 하였다. 그들의 질문에 대한 예수님의 답변은 오늘날 예언의 영을 오해하는 모든 이들을 향한 꾸짖음이기도 하다. "너희는 너희가 무슨 정신으로 이렇게 행동하는지 모르고 있다. 인자가 온 것은 사람을 죽이려 함이 아니라 구원하기 위함이다"(눅 9:55-56, 한글 성경에는 단지 "예수께서 돌아보시며 꾸짖으시고"라고 되어 있으나 어떤 사본에는 55절 끝에 이와 같이 첨부되어 있다.《해설관주 독일성서공회판》참조 – 역자 주). 예수님의 제자들은 참 예언자란 분노가 아닌 사랑의 동기로 행동하는 자임을 깨닫지 못했다.

단지 하나님이 주시는 메시지를 듣는다고 해서 예언사역자가 되는 것은 아니다. 예언사역자는 하나님의 성품을 가져야 한다. 진정한 예언사역자가 되려면 예수의 증거, 곧 예언의 영을 지녀야 한다(계 19:10). 예수의 증거란 온 인류를 향한 하나님의 구속적인 사랑이다. 다음 말씀을 반드시 기억하자. "하나님은 사랑이심이라"(요일 4:8).

하나님의 사랑은 결코 조잡하거나 충동적이거나 감상적이지 않다. 하나님의 사랑은 진리를 말하는 것을 두려워하지 않는다. 하나님의 사랑은 남을 판단하는 일에 열을 올리지도 않는다. 사랑에 기초하여 진리를 말할 줄 안다는 것은 매우 힘든 일이다. 동시에 이는 성숙한 크리스천임을 나타내는 지표이기도 하다(엡 4:15). 분노와 교만에 바탕을 둔 예언사역자는 긍휼 안에서 끝까지 참고 중보하지 못하며, 조급하게 심판을 내리려는 태도를 보인다.

심판인가, 은혜인가?

한 예언사역자는 이 교훈을 매우 어렵사리 터득했다. 그는 매우 정확한 예언사역을 수행해 온 능력 있는 사역자였다. 한번은 죄악된 태도를 지닌 일단의 목회자 그룹에 대해 크게 화가 난 그가 그들에게 5분 동안이나 심판의 메시지를 선포하고 말았다. 주님은 분노를 참지 못하고 심판을 선포한 그를 꾸짖으셨다. 그 대가로 5개월 동안 몸이 아플 것이라고 말씀하셨다. 하나님의 백성을 향해 심판의 메시지를 5분 동안 선포한 대가로, 1분을 1개월씩 계산하여 5개월간 벌을 받게 된 것이다. 그는 자신이 어떤 영에 기초하여 예언했는지를 재빨리 깨닫고는 두 번 다시 동일한 실수를 반복하지 않았다.

남을 판단하는 것은 쉽다. 판단은 우리의 육성에서 나온 것일 때가 많다. 참으로 상황을 변화시키는 데 요구되는 생명과 소망을 예언하려면, 하나님의 만져 주심이 필요하다. 소망은커녕 심판만 전달한다면, 이는 십중팔구 성령님이 주신 것이 아니라 우리의 육신적인 생각에서 나온 메시지일 가능성이 높다. 성령님은 어떤 상황에 관해 잘못된 것만 알고 계시지는 않는다. 성령님은 상황을 옳게 바로잡는 방법도 알고 계신다. 성령님은 돕는 분(Helper)이시다.

요나 모델

요나 모델은 엘리야 모델의 개정판이다. 하나님은 요나에게 앗수르(니느웨)로 가라고 명령하셨다. 그런데 요나는 이스라엘의 원수인 앗수르 사람들을 돕고 싶은 마음이 전혀 없었다. 결국 그는 앗수르와는 정반대 방향으로 향하는 배를 탔다. 배에 탄 요나로 인해 하나님은 바다에 태풍을 보내셨다. 이때 영적으로 훨씬 더 예민해진 쪽은 요나가 아니라 오히려 이방인 선원들이었다. 태풍이 영적인 성격을 지니고 있음을 깨달은 선원들은 자신들이 섬기던 신들에게 기도를 올리며 왜 이런 태풍이 찾아왔는지를 조사하였다.

태풍의 발생 원인이 요나에게 있다는 사실이 밝혀지자, 다른 신들을 섬기던 선원들은 자기들의 목숨을 구하기 위해 요나를 희생시키는 것에 대해 머뭇거렸다. 그들은 요나를 구해 주기 위해 온갖 위험을 무릅쓰고 전심전력으로 노력했다. 그러나 요나의 말에 따를 수밖에 없다는 결론에 이른 그들은 결국 그를 들어 배 밖으로 던져 버렸다. 여기에서 우리는 하나님의 선하심과 자비하심을 안다고 단언하는 하나님의 사람보다, 오히려 이교도들이 자기들을 향해 심판의 메시지를 들고 온 사람에 대해 더 큰 동정심을 보여 주는 것을 알 수 있다(욘 4:2).

요나는 하나님의 사랑을 신학적으로는 이해하고 있었다. 그러나 실제적인 하나님의 사랑은 거의 갖고 있지 못했다. 아마도 공적인 예언자들 중 가장 고집이 센 사람이 바로 요나였는지도 모른다. 요나가 겸손한 자세로 죄를 회개하기까지는 물고기 뱃속에서의 3일 주야가 소요되었다(욘 1:1-2:1). 만일 나라면 어땠을까? 아마도 뱃머리에서 바다로 던져지는 순간 회개하지 않았을까? 혹은 최소한 물고기가 삼키는 순간에 회개하지 않았을까?

요나가 무사히 육지로 귀환하였을 때, 주님은 다시금 그를 니느웨로 보내시며 말씀을 주셨다. 마침내 요나는 니느웨로 가서 이렇게 외쳤다. "사십 일이 지나면 니느웨가 무너지리라"(욘 3:4). 그러자 니느웨의 왕으로부터 육축에 이르기까지 도시 전체가 굵은 베옷을 입고 재를 뒤집어쓰고 회개하기 시작했다. 회개하는 모습을 보신 하나님은 니느웨를 향한 심판을 취소하셨다. 이때 니느웨 사람들을 조금도 사랑하지 않았던 요나는 하나님께 불평을 늘어놓았다. 차라리 주님이 뜻을 바꾸어 니느웨를 심판하셨더라면 좋았겠다고 말이다. 그 후 요나는 성읍이 어떻게 되는지 지켜보려고 앉아서 기다렸다.

전반적인 스토리 안에서 타인에 대한 동정심을 전혀 찾아볼 수 없는 유일한 사람은 바로 요나이다. 요나가 동정심을 보인 유일한 대상은 바로 개인적인 유익을 위해 취했던 박 넝쿨뿐이었다. 반면에 하나님의 사랑은 너무도 심오했다. 하나님은 니느웨의 사람들뿐 아니라 그들의 육축마저도 염려해 주셨다(욘 4:11). 이래도 주님의 마음에 대해 계속해서 오해하고 있겠는가?

이제껏 예언자란 눈을 부릅뜨고 심판을 추구하는 사람이라는 잘못된 가르침이 만연되어 왔다. 이는 예언사역자의 특성이 아니라 성격상의 결함이다. 동정심이 거의 없는 사람 혹은 전혀 없는 사람만이 심판을 즐겨 선포한다. 성숙한 예언사역자는 사람들을 하나님께로 이끌어 하나님의 긍휼을 받게 해주는 것을 기뻐한다.

유다에서 온 하나님의 사람

열왕기상 13장에는 이스라엘 민족 앞에 당당하게 등장하는 한 젊은 하나님의 사람이 소개되고 있다. 예언자로 불리는 이 사람은 갑작스레 무대 전면에 등장하여 담대하게 극적인 예언의 능력을 과시했다. 그의 메시지에는 표적과 기사가 뒤따랐다. 이 예화에는 예언사역을 향한 하나님의 마음이 강력하게 계시되어 있다.

그 때에 하나님의 사람이 여호와의 말씀으로 말미암아 유다에서부터 벧엘에 이르니 마침 여로보암이 제단 곁에 서서 분향하는지라 하나님의 사람이 제단을 향하여 여호와의 말씀으로 외쳐 이르되 제단아 제단아 여호와께서 이와 같이 말씀하시기를 다윗의 집에 요시야라 이름하는 아들을 낳으리니 그가 네 위에 분향하는 산당 제사장을 네 위에 제물로 바칠 것이요 또 사람의 뼈를 네 위에서 사르리라 하셨느니라 하고 그 날에 그가 징조를 들어 이르되 이는 여호와께서 말씀하신 징조라 제단이 갈라지며 그 위에 있는 재가 쏟아지리라 하매 여로보암 왕이 하나님의 사람의 벧엘에 있는 제단을 향하여 외쳐 말함을 들을 때에 제단에서 손을 펴며 그를 잡으라 하더라 그를 향하여 편 손이 말라 다시 거두지 못하며 하나님의 사람이 여호와의 말씀으로 보인 징조대로 제단이 갈라지며 재가 제단에서 쏟아진지라 (왕상 13:1-5)

본문에 나타난 사역은 아무리 축소해서 표현하더라도 매우 대단했다! 하나님은 강력한 표적을 통해 메시지의 타당성을 입증해 주셨다. 주님은 왕에게 선포된 저주로써 하나님의 사람을 확증하시고 보호해 주셨다. 보다 더 심오한 계시는 하나님의 사람과 왕이 주고받은 대화내용에서 발견된다. 신앙을 저버리고 타락한 왕이 젊은 하나님의 사람에게 자신의 손의 회복을 위해 기도해 달라고 부탁하자 이 젊은 하나님의 사람은 즉시 왕을 위해 간구한다.

그가 흔히 우리가 믿는 구약의 예언자들과 동일한 성품을 가지고 있었더라면 왕에게 이렇게 대답했을지도 모른다. "타락한 왕인 주제에 어떻게 감히 하나님께 구하려 하십니까! 당신이 믿는 이방 신들에게나 기도해 보십시오. 혹시 그들이 고쳐 줄지 모르잖습니까? 하나님은 당신을 고쳐 주지 않으실 겁니다. 당신은 하나님을 배반했고, 하나님의 백성들을 유리하고 방황하게 만든 장본인입니다. 지금 이후 무덤에 묻히시기 직전까지, 당신은 두 번 다시 어느 누구를 향해서도 손을 펴거나 들어 올리지 못할 것입니다."

물론 이 젊은 하나님의 사람은 이렇게 반응하지 않았다. 그는 왕을 위해 기도해 주었고, 주님은 왕의 손을 회복시켜 주셨다. 이 예화의 경우에도 주님의 목적은 구원에 있었다. 주님은 무분별하게 분노하시는 분이 아니다. 주님의 자비와 은혜는 인간의 모든 이해를 훨씬 뛰어넘는다. 물론 하나님께서 심판을 집행하시는 예들도 있다. 그러나 심판의 경우에도 여전히 주님의 목적은 본질상 구원에 있다.

이후 이 하나님의 사람은 아주 치명적인 실수를 저지른다. 이 실수로 인해 그는 목숨을 잃고 말았다. 그가 저지른 실수와 이 실수에 내포된 메시지는 현 시대의 우리에게 매우 중요한 교훈을 준다. 이 부분에 대해서는 12장에서 다루겠다.

모세와 반석

우리가 저지를 수 있는 훨씬 심각한 범죄가 있다. 그것은 실제로 화가 나지 않으신 하나님을 마치 화나신 분으로 오해하게 만드는 태도이다. 이는 사역으로 부름 받은 자들이 쉽게 빠질 수 있는 함정이다. 예언 사역으로 부름 받은 자들의 경우는 특히 더 그렇다. 모세조차도 이 덫에 걸려들었다. 민수기 20장은 모세가 이 죄를 범한 연고로, 이스라엘 백성들과 함께 한 39년의 인고의 광야생활에도 불구하고 결국 약속의 땅에 들어가지 못하고 마는 장면을 보여 준다.

> 회중이 물이 없으므로 모세와 아론에게로 모여드니라 백성이 모세와 다투어 말하여 이르되 우리 형제들이 여호와 앞에서 죽을 때에 우리도 죽었더라면 좋을 뻔하였도다 너희가 어찌하여 여호와의 회중을 이 광야로 인도하여 우리와 우리 짐승이 다 여기서 죽게 하느냐 너희가 어찌하여 우리를 애굽에서 나오게 하여 이 나쁜 곳으로 인도하였느냐 이곳에는 파종할 곳이 없고 무화과도 없고 포도도 없고 석류도 없고 마실 물도 없도다 모세와 아론이 회중 앞을 떠나 회막 문에 이르러 엎드리매 여호와의 영광이 그들에게 나타나며 여호와께서 모세에게 말씀하여 이르시되 지팡이를 가지고 네 형 아론과 함께 회중을 모으고 그들의 목전에서 너희는 반석에게 명령하여 물을 내라 하라 네가 그 반석이 물을 내게 하여 회중과 그들의 짐승에게 마시게 할지니라 모세가 그 명령대로 여호와의 앞에서 지팡이를 잡으니라 모세와 아론이 회중을 그 반석 앞에 모으고 모세가 그들에게 이르되 반역한 너희여 들으라 우리가 너희를 위하여 이 반석에서 물을 내랴 하고 모세가 그의 손을 들어 그의 지팡이로 반석을 두 번 치니 물이 많이 솟아나오므로 회중과 그들의 짐승이 마시니라 (민 20:2-11)

당신은 모세에게 명령을 내리실 때의 하나님의 어투를 들을 수 있는가? 주님은 모세에게 백성들을 한 곳에 모은 후 손에 지팡이를 쥐고 반석에게 명하여 물을 내게 하라고 지시하셨다. 과연 하나님의 말투에서 백성들을 향한 분노 혹은 싫은 기색이 느껴지는가? 백성들이 하나님을 또 다시 의심하였다는 사실에 대해 하나님이 절망스러워하고 계신가? 절대 그렇지 않다. 하나님은 모세에게 계시해 주신 대로, 자비롭고 은혜롭고 노하기를 더디 하시고 인자와 진실이 많은 분이셨다(출 34:6-7).

모세가 입을 열어 말하기 시작했을 때, 모세의 말은 마치 하나님을 지금 백성들의 거역에 대해 화가 나 계신 분인 양 오해하게 만들었다. 하나님은 결코 화를 내신 적이 없으셨다. 그러나 모세를 통해 보이는 하나님은 분노하고 참을성이 없으며 성미가 급한 분이셨다. 분노와 절망에 휩싸인 모세는 급기야 반석에게 명령하지 않고 지팡이로 반석을 내리쳤다.

민수기 20장 12절은 모세에 대한 하나님의 심판의 내용이다. "여호와께서 모세와 아론에게 이르시되 너희가 나를 믿지 아니하고 이스라엘 자손의 목전에서 내 거룩함을 나타내지 아니한 고로 너희는 이 회중을 내가 그들에게 준 땅으로 인도하여 들이지 못하리라 하시니라."

하나님은 이스라엘 백성들에게 화를 내지 않으셨다. 오히려 백성들에게 화가 난 것은 모세였다. 모세는 자신의 분노를 마치 하나님의 분노인 양 백성들에게 퍼부었다. 이 일로 모세는 이스라엘 백성들을 이끌고 약속의 땅으로 들어가지 못하게 되었다. 이 사건은 비단 모세에 대한 심판으로 끝나지 않는다. 이 메시지는 우리 모두를 향한 것이다. 우리는 하나님을 분노하시며 종잡을 수 없는 분으로 오해받으시게 해서는 안 된다.

모세의 실수가 이스라엘에게 얼마나 치명적이었는지를 생각해 보라. 혹시 별로 대수롭지 않은 일로 쉽게 화를 내는 사람을 위해 일해 본 경험이 있는가? 아무리 사소한 질문이나 행동도 그들의 화를 자극할 수 있다. 주변의 모든 이들이 두려움에 옴짝달싹 못하고 지낸다. 자신들의 행동거지에 대한 지도자의 반응을 도무지 예측할 수 없기 때문이다.

다음 경고에 유의하기 바란다. 만일 우리의 변덕스러운 기질을 통해 하나님이 변덕스러운 분이라는 메시지가 전달된다면, 우리를 따르는 사람들의 믿음과 독창성은 말살되고 만다. 우리가 하나님을 변덕스럽고 쉽게 노하는 분으로 오해받으시게 한다면, 우리는 결코 그들을 하나님이 약속하신 땅으로 인도하여 들일 수 없다. 하나님도 못하시는 일을 우리가 어떻게 하겠는가?

예수님이 우리의 모델이시다

최근의 예언사역자에 관한 몇몇 모델들과 가르침들은 앞에서 언급한 분노 유형을 기꺼이 허용하기도 한다. 그러나 하나님은 결코 이를 인정하거나 묵인하지 않으신다. 우리는 개인적인 경험이 아닌 하나님의 기준을 따라야 한다. 예언사역자들이 비판적이거나 가혹하거나 쉽게 분노하는 것은 주님의 부르심의 목적과는 거리가 멀다. 하나님이 주시는 예언의 은사는 결코 이러한 기질을 포함하지 않는다. 우리가 예언사역자가 원래 이러한 기질들을 가지고 있다고 믿고 그렇게 가르친다면, 결국 예수님처럼 오래 참고 용서하는 자가 아니라 거칠고 쉽게 분노하는 신세대 예언사역자를 양성해 내는 결과가 초래될 것이다.

제자들이 엘리야의 모델을 본받아 하늘로부터 불을 끌어내리겠다고 했을 때, 예수님의 반응은 어떠하셨는가? 주님은 그들에게 엘리야를 본받을 것이 아니라 주님과 그분의 삶을 본받으라고 하셨다(눅 9:54-56). 우리가 예언사역자로 부름 받았다면, 성경에 나타난 인물들의 범죄와 실수를 모델로 삼아서는 안 된다. 주님이 우리에게 그들의 삶을 낱낱이 보여 주시는 것은 그들의 실수를 그대로 답습하지 말고 극복하기 원하시기 때문이다. 우리는 성경의 인물들이 지녔던 하나님에 대한 열정과 희생은 마땅히 존경해야 한다. 그러나 그들이 보여 준 교훈들을 결코 간과해서는 안 된다.

자신의 경험에 안주하지 말라

교회 지도자들은 C. S. 루이스의 《나니아 연대기》(Chronicles of Narnia) 시리즈에 소개된 여러 가지 실수를 저지르지 않도록 특별히 유의해야 한다. 일단의 난쟁이들이 한동안 가짜 아슬란에게 속아 넘어간다. 이야기 속에서 아슬란은 그리스도를 상징하는 존재이다. 한 번 가짜에게 속은 경험이 있는 그들은 이제 두 번 다시 속아 넘어가지 않으리라 굳게 결심한다. 이러한 결심 가운데 그들은 정작 진짜 아슬란에 대해서도 끝까지 대항하며 맞선다. 이들은 진짜 아슬란을 거절하는 데 그치지 않고, 자신들에게 제공될 좋은 것들마저 차단하고 말았다. 우리도 정신을 바짝 차리지 않으면, 과거의 실수와 미성숙한 행위들로 인해 자칫 신세대 예언사역마저 거절하게 되는 우를 범할 수도 있다.

서두에서 나는 교회에서 예언사역을 하는 것을 위험스럽게 여기는 목회자의 의견에 동의하지 않는다고 말한 바 있다. 예언사역에 대한 오해로 인해 빚어진 수많은 영적인 실수들을 고려할 때, 이 목회자의 견해도 충분히 이해할 수 있다. 그러나 교회 안에서 예언사역을 행하는 것은 결코 위험하지 않다. 오히려 예언사역을 하지 않는 것이야말로 위험한 일이다!

교회 안에서 예언사역을 하지 않는다면, 이는 하나님이 주신 두 가지 근본적인 사역 중 하나를 놓치는 셈이 된다. 토대의 절반을 상실한 채 어떻게 건물을 제대로 세울 수 있겠는가? 예언사역을 토대로 삼지 않은 채 건물을 세워 나가려는 노력은 위험한 거주지를 짓는 것과 같다.

물론 예언사역이 파괴적인 것이 되어서는 안 된다. 예언사역의 가장 중요한 본질은 필요한 것을 구비시켜 주는 일이다. 문제는 예언사역 자체가 아니라, 이를 둘러싼 무수한 오해들이다. 목욕물을 버리다가 아기까지 버리는 일이 있어서는 안 되겠다. 여러 면에서 현재 예언사역은 여전히 갓난아이와도 같지만, 결국에는 성장하여 교회 안에서 전례 없는 힘의 원천이 될 것이다.

부디 과거의 실수들에 맞대응하거나 이 실수들을 근거로 예언사역을 정의하지 말기 바란다. 우리는 하나님의 표준을 열심히 추구해야 한다. 오늘날 일반적으로 수용되는 현존하는 전통들에 안주하지 않기로 선택하는 한, 우리는 언제라도 하나님의 표준을 활용할 수 있다. 우리가 하나님의 마음과 기준을 발견하고 이를 선포할 때, 오늘날 점차 떠오르고 있는 예언사역자들에게서 참된 예언의 영이 발산되는 모습을 목도하게 될 것이다. 그리고 이것들은 이제껏 전혀 상상조차 할 수 없었던 축복이 될 것이다.

Chapter 9

지혜와 경고

참된 예언의 영을 회복하고 하나님의 사랑 안에서 성장해 나감에 있어, 몇 가지 준수해야 할 실제적인 지침들이 있다. 이 지침들은 우리를 안전한 예언사역으로 안내해 준다. 이번 장에서 다루는 실제적인 조언과 지혜과 경고들은 당신과 당신에게 사역을 받는 사람들 모두를 심각한 문제들로부터 보호해 줄 것이다.

이제부터 우리는 예언사역의 훈련과 관련하여 색다른 차원을 다루어 보려고 한다. 이전 장까지는 하나님의 음성 듣기를 격려하고, 계시를 이해하며, 예언사역을 관리하는 일에 초점을 맞추었다. 우리가 생명의 길만을 걷기 위하여 이제부터는 이전에 언급한 가르침과 더불어 경고와 지혜로 균형을 잡아가려고 한다. 이 책의 나머지 부분은 예언사역에 종사하는 사람들이 직면하게 될 다양한 문제들에 관해 보다 구체적으로 다룰 것이다.

지혜) 당신 자신이 돼라

모든 사역에 공통적으로 도사리고 있는 위험이 있다. 그것은 사람들이 흔히 자신보다 더 기름부음이 있고 성공적이며 환영받는 이의 패턴을 그대로 따라하려고 하는 것이다. 특히 예언의 은사를 가진 이들 중 다른 사람의 사역스타일을 그대로 모방하려는 사람들이 많다. 이는 과거에 경험한 거절들 혹은 현재 겪고 있는 불안감 때문이다.

우리가 만나 본 사역자들은 한결같이 어느 저명한 사역자의 매너리즘을 자신들의 사역 가운데 어느 정도 채택해 오고 있었다. 이는 결코 바람직한 모습이 아니다. 사실 우리 모두는 마음속 깊이 존경하는 사람들의 영향을 조금씩은 받으며 살아간다. 그러나 누군가를 그대로 흉내 내려고 애써서는 안 된다. 이와 관련하여 다음 이야기를 숙고해 보기 바란다.

불과 열일곱 살 나이의 한 친구가 어느 음반회사와 계약을 맺었다. 과도한 열정을 가지고 있었던 그의 매니저는 계약서에 서명을 한 후에도 음반회사에게 그에 대한 선전을 멈추지 않았다. 그 매니저는 신이 나서 음반회사 사장에게 이렇게 자랑했다. "이 친구에 대해서는 정말이지 믿지 못하실 정도일 거예요. 이 친구는 그 유명한 레이 찰스의 목소리도 똑같이 흉내 낼 수 있어요." 매니저의 말에 사장은 이렇게 대답했다. "예. 하지만 레이 찰스는 한 사람만으로 족합니다."

절대로 다른 이를 모방하려는 유혹에 빠지지 말기 바란다. 당신은 단 한 사람의 훌륭한 '당신'이 될 수 있다. 누군가를 모방하려 한다면, 당신은 단지 또 하나의 평범한 누군가가 될 뿐이다. 당신이 누군가를 흉내 내려 한다면, 사람들은 당신이 연기를 하고 있다고 생각할 것이다.

세상은 자기 자신이 되어도 하나님 안에서 충분히 안전하며, 나아가 하나님의 영광의 빛의 통로가 될 사람들을 필요로 한다. 당신은 하나님이 만드신 당신 자신이 되어야 한다.

경고) 우리가 부분적으로 알고 부분적으로 예언하니

성경은 우리가 부분적으로 알고 부분적으로 예언한다고 말씀한다(고전 13:9). 이와 관련하여 우리는 다음의 두 가지 사실을 반드시 깨달아야 한다. 첫째, 우리는 틀릴 수도 있다. 둘째, 우리가 전적으로 옳은 경우는 거의 드물다. 우리 중 그 누구도 온전한 그림 전체를 볼 수는 없다. 우리는 단지 부분만 볼 뿐이다. 이처럼 겸손한 마음과 생각을 간직한다면, 불필요한 실수와 허물들을 피할 수 있다.

우리가 받은 계시와 해석이 제아무리 정확하다 한들, 우리가 보는 것은 그림의 일부일 뿐이다. 이 사실을 절대로 잊지 말라. 한 가지 상황과 관련하여 현재 우리가 보고 있는 것보다 훨씬 더 많은 지혜와 통찰들이 존재한다. 그러므로 다른 이들과 주님으로부터 또 다른 통찰이 올 수 있다는 가능성을 늘 염두에 두라.

가장 탁월한 예언의 은사를 가진 사역자들 중에도 받은 계시를 잘못 해석하는 경우를 종종 목격한다. 하나님이 이러한 상황을 허락하시는 데는 몇 가지 이유가 있다. 그것은 깊은 은사를 가진 이들로 계속해서 겸손한 자세와 배우는 태도를 유지하게 하시고, 우리로 항상 하나님만을 의지하게 하시며, 우리가 예언의 은사를 지닌 사람들을 절대 무오한 자로 여기지 못하게 하시기 위함이다.

지혜) 하나님은 동시에 여러 가지 방법으로 말씀하신다

예언사역을 할 때, 주님은 한 가지 방식으로만 계시를 주지는 않으신다. 주님은 동시에 여러 가지 방법으로 계시를 주신다. 우선 단순한 하나의 환상을 받을 수 있다. 그런 다음 나는 영 분별을 통해 기도사역을 받는 사람에게 어떤 상처들이 있음을 깨닫는다. 내가 받은 계시를 전달해 주는 방식은 분별한 결과에 의해 결정된다.

사역할 때에는 주님이 어떤 방법으로 말씀하시든 늘 열린 마음으로 받아야 한다. 경험이 쌓이고 지혜와 민감함이 더해 갈수록, 우리는 예언사역을 통해 사람들을 자유케 하는 일에 보다 더 강력하게 쓰임 받을 수 있다.

경고) 예언하는 자들의 영이 예언하는 자들에게 제재를 받나니

하나님은 예언하는 일로 인해 집회가 흐트러지는 것을 좀처럼 허락지 않으신다. 많은 이들이 받아온 잘못된 가르침이 있는데, 성령께서 자신에게 무언가를 계시해 주시면 즉시 모임의 흐름을 중단시키고 회중을 향해 큰 소리로 예언해도 된다는 생각이다. 대개 이러한 태도는 최상의 방책은 아니다.

삶을 이끄는 원동력인 우리의 영은 우리 자신에게 제재를 받는다(고전 14:32). 성령님은 무슨 일이든 강압적으로 요구하지 않으신다. 설사 '기름부음' 혹은 '예언의 권능'이 느껴지는 순간이라 할지라도, 영에 대한 통제를 계속 유지해야 한다. 주님은 인간의 자유의지를 거슬러서 강제로 무언가를 강요하는 분이 아니시다. 자신의 행동에 대해 결코 주님을

탓하지 말라.

지혜) 지식의 말씀을 실습하라

예언사역에 처음 발을 내디딘 사람들은 계시를 해석하면서 종종 실수를 저지른다. 주님이 말씀하시는 방식을 보다 더 예민하게 이해하기 위해 수년 동안 내가 사용해 온 간단한 방법이 있다. 그것은 지식의 말씀을 실습하는 것이다. 나는 이 방법을 사역의 기회가 적었던 초창기에 많이 사용했다. 영적인 은사를 실습한다는 말이 좀 낯설게 들릴지도 모르지만, 실제로는 전혀 이상할 게 없다.

나는 웨이터들이나 은행의 금전출납원들을 대상으로 예언사역을 실습해 보았다. 우선 침묵으로 기도한 다음, 받은 메시지에 관해 그들에게 시험적으로 질문을 던진다. 이로써 나는 주님의 음성을 분별하고 깨닫는 능력을 점점 증가시킬 수 있었다. 사실 이로 인해 수많은 이들이 사역을 받을 수 있었다. 어떤 이들은 나의 실습을 통해 주님의 깊은 은혜를 경험하기도 했다.

경고) 믿음의 분량에 맞게 예언하라

많은 사람들이 보다 높은 수준의 지식의 말씀을 활용하고 싶어 한다. 그런데 이러한 태도는 심각한 문제를 야기할 수 있다. 어떤 초보 예언사역자들은 다른 사역자가 사람의 이름이나 생일, 사적이고 구체적인 사항들을 예언하는 것을 보며 자신의 믿음의 분량을 초월하여 예언하려 애쓰기도 한다.

일반적으로, 예언사역은 처음부터 높은 수준에서 출발하지 않는다. 경험이 쌓이고 확신이 증가됨에 따라 보다 더 정확하고 분명한 예언사역을 향해 조금씩 발전해 가는 것이 일반적이다. 예수님은 하나님 나라를 농사와 관련지어 설명하실 때가 많았다. 이와 관련하여 우리는 다음의 사실을 반드시 깨달아야 한다. 영적 삶의 대부분의 영역들은 싹에서 이삭으로, 이삭에서 충실한 곡식으로 점차 단계적으로 성장해 간다(막 4:26-28). 사소한 출발의 순간을 결코 무시하지 말라.

지혜) 만족의 한계를 확장시키라

작은 출발의 순간을 절대로 무시하면 안 되지만, 동시에 우리는 더 많은 계시를 갈망하고 보다 정확한 해석을 열망해야 한다. 하나님이 우리를 만나 주시는 여부는 얼마나 간절하게 하나님을 사모하느냐에 달려 있다. 우리가 특별한 무언가가 없이도 잘 살 수 있다고 느낀다면, 실제로 그렇게 될 것이다.

나의 만족의 한계를 확장시키기 위해 내가 사용하는 한 가지 방법이 있다. 나는 사역할 때마다 주님께 이전에 주셨던 것보다 더 많은 것을 달라고 기도한다. 주님이 실제로 기도를 들어주셔서 이전보다 훨씬 더 구체적이고 상세한 계시를 주시면, 나는 이를 시험해 본다. 우선은 이미 확신을 가지고 있는 계시로 사역을 한다. 그리고 나중에 받은 계시에 관해서는 잘 모르겠다고 당사자에게 말해 준다. 이때 나는 자신감 있게 선포하는 태도보다는 계시가 정확한 내용인지를 당사자에게 묻는 형식을 취한다.

계시의 내용이 정말 정확하다면, 계시의 영향력을 조금도 감소시키지 않는 범위 내에서 이를 질문의 형식으로 진술한다. 계시의 내용이 부정확하거나 부분적으로만 정확한 경우에는 우리의 믿음의 분량에 맞게 말해 줌으로써 혹시라도 발생할 수 있는 오해들을 방지할 수 있다 (롬 12:6).

경고) 예언적 계시나 자신의 명성으로 사람들을 통제하려 하지 말라
조종은 악한 것이다. 결코 조종하려 들지 말라.

지혜) 기록된 하나님의 말씀을 귀히 여기라
성경은 하나님이 주신 놀라운 선물이다. 우리 마음에 하나님의 말씀을 간직하고 살아간다면, 비단 예언사역뿐 아니라 모든 영적인 영역에서 지속적인 성장을 이루게 될 것이다.

우리가 모든 예언사역자들에게 요구하는 것이 있는데, 자신이 예언하는 내용을 확증할 만한 성경구절을 제시하는 것이다. 그들이 받은 환상이 성경적 상징에 기초하고 있지 않을 경우에는 그 계시를 지지해 줄 수 있는 성경구절을 예언해 보라고 요청하기도 한다. 이것은 우리 사역팀에서 매우 효과적인 훈련 원칙으로 사용되어 왔다.

경고) 당신이 속한 교회의 목회자에게 순종하라
당신이 속한 교회의 담임목사가 당신이 예언적인 통찰을 통해 보고 있는 것을 보지 못할 수도 있다. 그러나 당신이 잊지 말아야 할 것이 있다. 그는 목사이지 결코 예언사역자가 아니다. 혹시라도 그들이 당신의 계시를 이해해 주지 않는다 할지라도, 당신은 그들을 존경해야 한다. 당신이 목회자에게 필요한 존재이듯, 당신에게도 반드시 목회자가 필요하다. 어쩌면 목회자가 당신을 필요로 하는 것보다 당신이 훨씬 더 많이 목회자를 필요로 하고 있는지도 모른다. 영적으로 성숙한 자가 되기 원하는가? 그렇다면 담임목사를 존경하고 귀히 여기라.

지혜) 주님의 임재를 따라가라

계시에 대한 해석을 구할 때, 깨달음만큼이나 우리에게 필요한 것은 주님의 임재이다. 해석만을 추구하다가 정로에서 벗어나면, 우리의 혼은 혼동을 감지한다. 이는 주님이 다음과 같은 메시지를 주시고 있는 것이다. "세상을 바라보지 말라." 주님은 임재를 통해서도 우리를 인도해 주신다. 반대로 임재의 부재 또한 우리를 인도하시는 주님의 방식이다.

경고) 당신의 은사로 봉사하되 자신의 권위를 세우려고 애쓰지는 말라

적극적으로 사역에 임하고 주님이 주신 계시로 다른 이를 섬기는 것은 매우 중요한 일이다. 그러나 예언의 은사를 잘 다스리는 것은 별개의 문제이다. 계시나 예언을 통해 사람들을 자신에게 이끌고자 애써서는 안 된다.

주님은 그분의 때에 우리에게 영적 권위를 부여해 주신다. 스스로 권위자의 자리에 올라서려 애쓰지 말라. 늘 섬기는 자의 자리에 머물면서 남을 돕는 일에 헌신하며 살아가기로 선택하라. 남을 섬김으로써 하나님을 섬기는 법을 터득한 자는 이미 리더십이 무엇인지를 배운 자이다.

지혜) 당신을 지도해 줄 성숙한 예언사역자를 찾으라

남들이 평생에 걸쳐 터득한 진리를 깨닫는 방법이 있다. 그것은 지혜를 터득한 자들과 친분을 쌓으면서 그들로부터 지혜를 구하는 것이다. 그들의 도움으로 당신은 그들이 과거에 저지른 수많은 실수들을 피해갈 수 있다.

경고) 주님이 당신에게 보여 주신 것만을 예언하라

많은 예언사역자들이 어렵게 생각하는 한 가지가 있는데, 그것은 바로 주님과 함께 사역을 시작하고 주님과 함께 사역을 끝내는 것이다. 이와 관련하여 내가 경험을 통해 깨달은 좋은 방법이 있다. 주님이 무언가를 보여 주시거든 이를 당사자에게 말해 주라. 주님이 보여 주시기를 멈추시면, 당신도 하던 말을 중단하라. "말이 많으면 허물을 면하기 어려우나 그 입술을 제어하는 자는 지혜가 있느니라"(잠 10:19). 늘 지혜롭게 처신하라. 예언의 메시지는 늘 간결하게 유지하라.

지혜) 미소 짓는 얼굴로 예언사역을 하라

사람들은 우리가 무슨 말을 하느냐보다는 우리의 얼굴 표정에 더 많은 관심을 기울인다. 우리가 메시지를 통해 상대방을 격려하려고 애쓰는 동안, 얼마든지 상대방은 우리의 표정을 보며 두려워할 수 있다. 얼굴 표정과 몸짓을 통해 상대방을 격려하라. 가능하면 언제, 어디서나 어떻게든 하나님의 사랑으로 사역하라.

앞에서 말했듯이 자리에 앉아 있는 사람에게 예언사역을 시작할 경우, 나는 그 사람 앞에 가서 무릎을 꿇는다. 이는 내가 그들보다 높은 자로 여겨지는 것을 피하기 위함이다. 나는 가능한 한 사역을 받는 사람보다 낮은 위치를 유지하려 애를 쓴다. 예언이라는 말 자체만으로도 자동적으로 움츠러드는 사람들이 너무도 많기 때문에, 나는 사역하는 동안 나 자신을 문자 그대로 낮은 위치에 둠으로써 종의 모습이 되려고 노력한다.

경고) 당신이 마치 성령님인 양 처신하지 말라

주님이 우리에게 맡기신 사명은 격려해 주는 일이다. 절대로 누구에게든 하나님께 순종하라고 억지로 강요하지 말라. 우리의 상상이나 경험과는 달리, 신약의 신자들에 의해 행해지는 예언은 강하게 직면시키는 형식이 아니다. 일반 신자들을 위한 예언의 목적은 세워 주고 격려하며 위로하는 데 있지, 결코 책망하거나 추궁하는 데 있지 않다.

지혜) 다른 사람의 몸에 손을 얹기 전에 반드시 허락을 구하라

우리에게는 마음대로 남의 몸에 손을 얹을 권리가 없다. 누군가에게 손을 얹기 전에는 반드시 주님께 허락을 구하라. 우리 영에 아무런 제재도 느껴지지 않는다면, 흔쾌히 다가가서 상대방에게 몸에 손을 얹어도 좋은지를 물어 보라.

누군가에 대한 예언적 계시를 받았다고 해서 그 사람의 주권을 마음대로 침해해도 되는 것은 아니다. 사역을 위해 자신의 몸에 누가, 언제 손을 얹을 수 있는지를 결정하는 것은 사역을 받는 당사자에게 달려 있다. 사역을 위해 남의 몸에 손을 얹을 권리를 가지고 있다고 마음대로 추측하지 말라.

경고) 상처를 치유받으라

우리의 분별이 실제로는 두려움이나 의심일 수도 있다. 그러므로 우리는 과거의 상처와 거절을 극복해야 한다. 지금이 바로 가장 좋은 기회이다. 우리 안에 상처가 남아 있을 경우, 혼의 저항으로 인해 주님이 주시는 느낌을 오해하게 된다. 과거에 다른 지도자로부터 받은 상처가 있는 사람일수록, 자기 교회의 리더십에 대해 부정적인 메시지를 받을 때가 많다.

야고보서 3장 17절은 이렇게 말씀한다. "오직 위로부터 난 지혜는 첫째 성결하고 다음에 화평하고 관용하고 양순하며 긍휼과 선한 열매가 가득하고 편견과 거짓이 없나니." 혼에 상처가 남아 있는 한, 우리의 분별은 신뢰할 수 없게 된다. 정확한 예언적 분별을 위해서는 반드시 과거의 상처를 치유해야 한다.

지혜) 화가 난 상태로 사역에 임하지 말라

모세는 백성들로 하여금 화가 나지 않은 하나님을 마치 화나신 분인 양 오해하도록 만들었다(민 20:12). 이로 인해 그는 이스라엘 백성들을 이끌고 약속의 땅으로 들어갈 수 있는 자격을 상실했다. 피곤하거나 감정이 격동되어 있다면 절대로 입을 열지 말라. 모세는 영이 격동된 상태로 분노 가운데 조급하게 말을 내뱉었다(시 106:33). 화가 나거나 절망스러울 때는 양해를 구하고 잠시 자리를 떠나 있는 편이 훨씬 낫다. 화가 난 채 예언사역을 하면, 남을 축복하는 게 아니라 도리어 저주하기 쉽다. 이는 결국 우리 자신에게도 심판을 가져온다.

경고) 2층천 차원의 계시로 예언하지 말라

많은 경우에 예언적 계시는 주로 죄를 짓고 있는 누군가에 대한 꿈이나 환상의 형태로 우리에게 주어진다. 이러한 형태의 계시는 얼핏 예언의 원래 의도와는 모순되는 것처럼 보인다. 예언의 목적이 남을 격려하고 세워 주며 위로하는 데 있음을 고려할 때 말이다. 그러나 사실 이런 형태의 계시야말로 전체적인 맥락에서 볼 때 적합하다.

대체로 주님은 이러한 계시를 통해 현재 실제로 일어나고 있는 일이 아니라 원수가 꾸민 계략이 무엇인지를 보여 주실 때가 많다. 계시를 통해 우리가 본 것은 하나님의 섭리가 아니라 원수의 계략이다. 여기서 우리가 기억해야 할 사실은 우리가 본 계시가 그 속에 등장한 사람의 계획이 아닌 원수의 계획일 가능성이 높다는 것이다. 따라서 우리는 그가 어떠한 죄에 가담하려는 욕망을 가지고 있다고 단정하듯 추측해서는 안 된다. 오히려 원수가 그 사람 앞에 덫을 놓아 두려는 것으로 이해해야 한다.

고린도전서 13장 7절에서 바울은 사랑은 모든 것을 바라며 모든 것을 믿는다고 말한다. 어떤 상황에서도 우리는 누구나 옳은 일을 하고 싶어 한다는 사실을 바라고 믿으면서 사역에 임해야 한다. 대부분의 그리스도인들은 주님을 섬기기 위해 가능한 한 무슨 일이든 감당하며 의롭게 살고자 애쓴다. 사람들이 나쁜 의도를 가지고 있다고 추측하고 그들을 비난한다면, 그들에게 상처를 줄 수도 있다.

하나님은 종종 우리에게 원수의 책략이 무엇인지 보여 주신다. 그런데 주님이 계시를 주시는 목적과 마음을 깨닫지 못한 채, 원수의 책략을 마치 하나님의 섭리인 양 곡해하는 이들도 있다.

이런 종류의 계시를 받았을 때, 이것이 마치 하나님의 뜻인 양 당사자에게 예언해서는 안 된다. 주님이 원수의 책략을 보여주시는 데는 이유가 있다. 예언을 해줌으로써 그대로 이루어지게 하려는 것이 아니라 이를 무효화시키기 위함이다. 사단이 사용하는 가장 악랄한 수법은 거짓을 하나님의 진리로 받아들이도록 만드는 것이다. 우리는 하나님의 마음과 섭리를 바로 분별하고 깨달아야 한다.

지혜) 예언의 말씀으로 기도하지 말고 단지 말해 주라

간혹 예언의 말씀을 직접적으로 전해 주는 일에 따르는 책임성을 회피하려 드는 이들이 있다. 이들은 자신이 받은 계시의 말씀으로 기도를 해주면, 상대방이 이를 당연히 예언적 메시지로 알아들을 것이라고 생각한다. 이들은 이렇게 함으로써 잘못된 메시지를 전해 줄 가능성을 아예 배제할 수 있을 것이라 여긴다.

이러한 자세는 두 가지 이유에서 옳지 못하다. 첫째, 우리는 항상 믿음 안에서 행해야 하며, 되도록 늘 솔직한 태도를 유지해야 한다. 자신의 두려움을 만회하기 위해 사역방식을 임의로 변경할 때, 오히려 원수로 하여금 끊임없이 우리 삶을 공격하도록 허용하는 결과를 초래할 수 있다. 두려움은 죄이다. 두려움은 회개를 통해 떨쳐 버려야지 절대로 받아들여서는 안 된다. 둘째, 우리는 누구에게든 조금도 거리낌 없이 대해야 한다. 우리가 전해 주는 메시지가 듣는 사람으로 하여금 의구심을 불러일으켜서는 안 된다. 예언을 판단하는 것은 듣는 사람의 몫이다. 그들도 우리가 예언사역을 하는 때와 단순히 기도하는 때를 분별하여 알 필요가 있다.

종종 일부 사역단체들이 부흥회 형식의 집회에서 이런 방식으로 사역하라고 사람들을 훈련시키는 경우가 있다. 나는 이들이 이런 방식을 채택하게 된 논리적 배경을 지지한다. 그러나 부흥회 형식의 집회에서 종종 주님은 격려의 메시지가 아닌 직접적인 주님의 임재를 통해 사역하기 원하신다. 이런 상황에서 예언사역을 하는 것은 오히려 주님의 목적에 방해가 될 수 있다. 각자가 직접적인 주님의 음성을 들을 기회를 빼앗을 수도 있기 때문이다.

예언사역을 하는 이들을 위해 한 가지 훌륭한 훈련방법이 있다. 그것은 날마다 고린도전서 13장을 읽는 것이다. 하나님의 사랑 가운데 행할 때, 과거에 미성숙한 예언사역자들이 쉽게 저지르던 수많은 실수들을 예방할 수 있다. 사랑을 추구함과 동시에 지혜 가운데 성장해 가고, 앞에서 언급한 경고들에 주의를 기울이라. 이러한 실수들을 극복해 나감에 따라 예언사역은 교회를 세우는 일에 점점 더 크고 요긴한 역할을 감당하게 될 것이다.

Chapter 10

거짓 예언자들의 기원

우리는 지혜와 경고에 귀 기울여야 하지만, 동시에 몇몇 특정한 함정들도 피해야 하고 그릇된 동기도 간파할 수 있어야 한다. 이제까지는 주로 예언적 메시지를 받고 해석하고 관리하는 원칙들을 설명함으로써 예언의 은사가 풀어지도록 돕는 일에 초점을 맞추었다. 이는 예언의 은사들에 관한 주님의 목적과 방식, 수단들을 정립하는 과정이었다. 이제부터는 거짓 예언자들에 관해 살펴보자.

이 책에서 말하는 거짓 예언자란 점성가들이나 무당, 점쟁이들을 말하는 것이 아니다. 물론 이들은 명백하게 거짓 예언자들이다. 그러나 이 책의 독자 중에 이러한 죄에 빠질 우려가 있는 이들은 거의 없으리라 본다. 교회 안에 존재하는 거짓 예언자들이란, 참된 예언의 은사를 가지고 있으면서도 예언자적 성품이 결여되어 파괴적인 사역을 하는 사람들을 말한다. 거짓 예언자들이 사역하는 교회에는 분리와 분쟁, 무질서의 열매가 맺힌다.

거짓 예언자의 기원에 관해 살펴보아야 할 이유는 크게 세 가지이다. 첫째, 거짓 예언자들의 기원과 동기를 이해할 때, 양 무리를 흐트러뜨릴 목적으로 교회 안에 들어온 거짓 예언자의 정체를 보다 쉽게 분별할 수 있기 때문이다. 둘째, 젊은 신세대 예언사역자들이 성숙으로 나아가는 길에 놓인 함정들을 피해가도록 도울 수 있기 때문이다. 셋째, 우리가 진정 예언사역으로 부름 받은 자들이라면, 원수가 쳐놓은 올가미가 무엇인지 바로 알아야 하기 때문이다.

예언의 영

사역으로 부름 받았다는 것은 하나님을 대변하는 자로 부름 받았음을 의미한다. 우리가 주님의 대변자가 되는 방식은 크게 우리의 말과 삶을 통해서이다. 요한계시록 19장 10절은 이렇게 말씀한다. "예수의 증언은 예언의 영이라"(the testimony of Jesus is the spirit of prophecy). 신실하시고 참된 증인(계 3:14)이신 예수님을 위한 정확한 대변자가 되려면, 부주의한 언행을 삼가야 한다.

몇 해 전, 주님은 꿈을 통해 내 말이 얼마나 큰 능력을 갖고 있는지 깨우쳐 주셨다. 꿈속에서 나는 한 무리의 친구들과 함께 어느 집의 신축 현장에 서 있었다. 건축자재들과 건설에 필요한 도구들이 아직 미완성인 집 주위에 널브러져 있었다.

그때 갑자기 낯선 사람들이 나타났다. 그들은 나를 향해 철제 막대기와 삽을 비롯하여 집 짓는 데 사용되는 도구들을 마구 던져대기 시작했다. 나는 날아오는 것들을 요리조리 잘 피하여 아무데도 상처를 입지 않았다. 그러나 나를 향해 위험한 물건들을 던져대는 사람들에게 화가 났다. 그래서 작은 드라이버 하나를 집어 들고는 누군가를 향해 가볍게 던졌다. 그런데 그것은 공간을 가로질러 내 친구의 복부 속으로 깊이 박혔다. 친구가 몸을 구부리는 순간 위장에서 피가 터져 나왔다. 나는 내가 무슨 짓을 저질렀는지를 깨닫고는 어찌할 바를 몰라 허둥댔다. 꿈은 거기서 끝났다.

꿈에서 건설현장은 교회를 상징했다. 교회는 계속해서 주님의 집으로 지어져 가고 있었다. 건축현장에 서 있는 사람들은 그리스도의 몸 된 교회를 이루는 구성원들이었다. 사람들이 나에게 던진 여러 물건들은 그들의 말이었다. 나는 노골적이고 격렬한 말들의 공격을 어렵지 않게 물리칠 수 있었다.

그러나 나의 말은 아주 사소하고 가벼운 것이었지만, 사람들의 복부에 깊이 박혔다. 여기서 복부는 영(spirit)을 뜻한다. 이 꿈은 나에게 있어 특수한 메시지이자 경고였다. 그러나 이 메시지와 경고는 예언사역자로 부름 받은 모든 이들에게 보편적으로 적용할 수 있다. 우리가 하는 말에는 영적인 능력과 권위가 실려 있다. 그러므로 우리는 절대로 부주의하게 말을 내뱉어서는 안 된다. 설사 우리가 다른 사람의 말로 인해 상처받는 일이 없다 하더라도, 우리의 말은 남을 죽일 수도 있다. 주님은 우리의 말에 능력을 부여해 주셨다.

예수를 증거하는 사역자들은 말뿐 아니라 행실을 통해서도 주님의 증인이 되어야 한다. 요한복음 1장 14절은 이렇게 선포한다. "말씀이 육신이 되어." 예수님은 육신이 된 말씀이셨다. 마찬가지로 하나님의 말씀은 우리 안에서 육신이 되어야 한다. 우리는 다만 말을 선포하는 데 그치지 않고 말씀대로 살아가야 한다. 이는 모든 사역자들에게 해당되지만, 특히 하나님의 말씀을 대변하는 예언사역자들이 반드시 명심해야 할 진리이다.

예언사역에는 종종 극적인 권능과 계시가 수반된다. 그러므로 예언사역자는 아주 사소한 인격상의 흠도 솔직하고 개방적인 자세로 처리해 나가야 한다. 언젠가 한 지혜로운 남성이 이렇게 말하는 것을 들었다. "권력은 부패한다. 절대 권력은 절대적으로 부패한다." 물론 그의 말이 만고불변의 영적인 진리는 아니다. 그러나 주님의 권능을 행하도록 부름 받은 자들 중, 명백히 잘못된 동기들이 주님에 의해 다뤄지지 않은 자들에게는 분명한 진리이다.

거짓 예언자가 되는 과정

우리는 모두 수많은 영역에서 부족한 사람들이다. 특히 예언사역으로 부름 받은 이들이 반드시 극복해야 할 기본적인 인격상의 결함에는 세 가지가 있다. 이는 생명의 길에서 이탈하지 않고 늘 진실한 사역을 유지하기 위해 주의를 기울여야 하는 요소들이다. 이기주의적인 특성을 공통적으로 지니는 이 세 가지 약점들을 우리는 유다서에서 찾아볼 수 있다. 유다서를 교회에 보낸 일차적인 목적은 거짓 예언자들을 경고

하고, 이에 대한 신자들의 대처방안을 전달하는 데 있었다. 나의 경우 가장 극적이고 경외심을 불러일으킬 만한 주님과의 만남이 1988년에 있었다. 그 해 주님은 거짓 예언자들의 특성들을 설명해 주시기 위해 다음 성경구절을 말씀해 주셨다.

화 있을진저 이 사람들이여, 가인의 길에 행하였으며 삯을 위하여 발람의 어그러진 길로 몰려 갔으며 고라의 패역을 따라 멸망을 받았도다 (유 11)

가인, 발람, 고라는 각각 서로 다른 인격적 결함을 상징한다. 우리 안에 이런 속성들이 역사하고 있을 때 이를 깨닫고 속히 회개하지 않으면, 우리의 사역은 이러한 약점들로 인해 변질되고 만다. 이것들은 단순한 세 가지 상이한 결함들일 뿐 아니라, 이기주의의 진행 과정을 보여주는 것이기도 하다. 이기주의가 깊어질수록 점점 더 심각한 거짓 사역자로 변질되어 간다.

가인

가인은 고집(selfwill)이라는 인격적 결함에 시달리는 사람들을 대표한다. '가인'(Cain)은 '만드는 사람, 제작자, 출세하는 자'라는 뜻을 지닌다. 고집이란 하나님의 방식이나 하나님이 우리 삶에 세워 두신 권위자의 방식이 아닌 자신만의 방식으로 행동하려는 욕구이다. 자신의 방법대로 하나님의 뜻을 이루려는 가인의 노력(창 4장)은 가장 고전적인 고집의 본보기이자 그 결과이다.

하나님께 드린 제사가 거절당했을 때, 가인은 그릇된 반응을 보였다. 그는 자신의 방식이 잘못되었고 하나님의 방식이 옳다고 인정하기보다는 분노하고 낙담했다. 하나님이 직접 나타나 가인을 직면시키신 후에도, 여전히 그는 자신의 길에서 돌이킬 줄 몰랐다. 가인의 우울과 분노는 살인의 영이 틈타는 열린 문이 되었고, 결국 그는 친형제를 죽이고야 말았다.

이와 동일한 방식으로 우리 안에 있는 고집도 우리의 관점을 왜곡시키는 힘이 있다. 시기상조임에도 불구하고 고집스럽게 예언사역에 뛰어들었다가 거절이라도 경험하면, 의기소침해지고 분노하다가 결국엔 주변 사람들을 영적으로, 정서적으로 파멸시키는 존재가 되고 만다.

수많은 거짓 예언자들이 교회의 지도자들을 공격할 목적으로 자신의 계시의 은사를 제멋대로 사용함으로써 전 회중을 황폐케 해왔다. 이들은 가는 곳마다 분리와 분쟁의 자취를 남겨 놓으면서도, 잘못을 바로잡으라는 목소리에는 좀처럼 귀 기울이지 않는다. 이때 고집과 분노와 의기소침은 한데 연합하여 자기연민을 형성한다. 자기연민은 영적 성장과 성숙을 가로막는 결정적인 방해물이 될 수 있다.

자기연민은 우리 혼의 원수로서, 끊임없이 핑계를 대고 남을 탓하게 만든다. 이때 남을 탓하기보다 스스로 책임을 짊어짐으로써 자신의 결점을 바로잡을 수 있다. 계속해서 가인의 길을 따르는 자들은 누가 말해도 듣지 않을 정도로 고집이 세다. 심지어 하나님의 말씀도 듣지 않는다!

고집은 수많은 죄의 뿌리이다. 우선은 루시퍼가 그랬고, 다음으로 아담이 그랬다. 이들은 모두 하나님의 뜻이 아닌 자신의 방식을 선택함으로써 죄를 범했다. 그 결과 이들은 전대미문의 방식으로 온 세상에 악을 퍼뜨리고 말았다. 자신의 선택이 오직 자신에게만 영향을 준다고 생각하는가? 이는 스스로 속고 있는 것이다. 만일 우리가 하나님의 백성들에 대해 책임적이고 권위적인 위치에 있다면, 우리의 타락은 우리의 돌봄을 받고 있는 사람들에게 상처를 입힌다. 우리의 성품 가운데 여전히 고집스런 부분이 남아 있다면, 우리가 선장이 되어 타고 가는 배는 결국 파괴적인 조난사고를 당할 수밖에 없다.

예언사역으로 부름 받은 이들은 종종 무수한 거절을 경험한다. 이는 여러 가지 면에서 진리이다. 예언사역이 초자연적인 특성을 지니며, 종종 이상하고 낯선 현상들이 수반되기 때문이다. 그러나 고집의 죄에 대한 하나님의 대응으로 인해 거절을 경험하는 예언사역자들도 수없이 많다. 루시퍼는 고집스럽게 행동하다가 결국 하늘에서 쫓겨났다(사 14:12-15). 아담도 고집을 부리다가 에덴동산에서 쫓겨났다(창 3:23-24). 가인이 고집을 부리다가 자기의 동생을 살해했을 때, 하나님은 그가 앞으로 이 땅 위에서 늘 도망치며 정처 없이 떠돌아다니게 될 것이라고 선포하셨다(창 4:11-12).

유다서 13절은 거짓 예언자들을 가리켜 '유리하는 별들'(wandering stars)이라고 표현한다. 이는 거짓 사역자들의 특성을 묘사하는 말이다. 거짓된 사역자들은 일정한 경로도 없이 이리저리 떠돌아다닌다. 고집으로 인해 거절을 당한 사람들은 결국 하나님이 그들의 삶에 정해 놓으신 경로에서 이탈하고 만다. 지혜로운 사람은 자신이 고집의 죄를 범하고 있음을 깨닫는 순간 죄를 중단한다. 그럴 때 비로소 우리는 환영받는 삶을 살며, 사역을 통해서도 열매를 거두게 될 것이다. 계속해서 고집 가운데 머물러 있는 자는 머지않아 가인의 길에서 발람의 죄를 향해 전진해 나아간다.

발람

발람의 이름에는 '백성들을 삼키는 자, 백성들을 정복하는 자'라는 뜻이 내포되어 있다. 발람은 자기의 이득을 위해 다른 사람을 이용하거나 양을 삼키는 자를 대표한다. 성경은 발람이 한때는 하나님의 방문을 받기도 한 예언자였다고 말한다(민 22:9). 그러나 그는 예언의 은사를 빌미로 오직 자신의 부와 명예를 추구하는 유혹에 굴복하고 말았다.

이러한 유혹은 지도자의 자리에 있는 이들에게 가장 큰 것일지도 모른다. 우리의 신분과 권력과 권위로 다른 사람을 섬길 것인가, 아니면 우리 자신만을 섬길 것인가? 거짓 예언자들의 특성을 묘사하는 유다서에서는 이런 자들을 '기탄없이 먹는'(유 12) 자들이라고 말한다. 이들은 백성들의 필요에는 아랑곳 하지 않고 '그 정욕대로 행하는'(유 16) 자들이다.

이러한 유혹은 기본적으로 돈 혹은 정치적 영역, 정서적 영역, 성적인 영역에서 활동한다. 발람은 가장 먼저 돈과 정치적 이득의 영역에서 유혹을 받았다. 모압 왕 발락은 발람에게 예언의 은사를 자신의 요구대로 사용해 준다면 많은 부와 권세를 주겠다고 제안한다. 오늘날 이토록 뻔뻔스런 일을 제안하는 사람은 거의 없다. 그러나 우리 역시 돈과 권세를 약속하는 사람들에게 더 큰 환영을 받을 목적으로 하나님이 주신 메시지를 미묘하게 바꾸려는 유혹을 받고 있지 않은가? 잠언 15장 27절은 이렇게 말씀한다. "이익을 탐하는 자는 자기 집을 해롭게 하나 뇌물을 싫어하는 자는 살게 되느니라." 우리 모두는 이 경고에 귀를 기울여야 한다.

복음을 전하는 자들이 사역을 통해 생계를 유지하는 것은 마땅하다(고전 9:14). 그러나 주님이 맡겨 주신 모든 이들을 위해 신실하게 사역하지 않고, 돈과 영향력이 있는 사람들의 비위를 맞추는 사역이 되기 시작한다면, 일시적인 보상을 얻기 위해 자신을 파는 영적 창기 같은 자들이 되고 만다. 사람을 편파적으로 대하는 자의 진실성은 잠깐 동안만 유효하다. 이런 자들은 보다 높은 신분의 귀족들이 찾아오면, 곧 유혹에 굴복하여 그들과 함께 길을 떠나게 될 것이다. 그것이 하나님이 허락하신 길이라고 굳게 믿으면서 말이다(민 22:20-22).

이러한 인격적 결함이 지닌 가장 미묘하고도 위험한 국면이 있다. 바로 사람들로부터 오는 영광과 존경을 게걸스럽게 취하려는 유혹이다. 우리를 향해 숱한 박수갈채를 보내는 사람들에게 길들여져 있다면, 머지않아 우리는 그들의 인정을 받기 위한 사역을 하게 될 수밖에 없다. 또한 그 사람들을 기쁘게 해주려고 메시지를 바꾸고 싶은 유혹에도 직면할 것이다. 예수님이 당시의 종교전문가들에게 하신 말씀을 생각해 보자.

> 스스로 말하는 자는 자기 영광만 구하되 보내신 이의 영광을 구하는 자는 참되니 그 속에 불의가 없느니라 (요 7:18)

> 너희가 서로 영광을 취하고 유일하신 하나님께로부터 오는 영광은 구하지 아니하니 어찌 나를 믿을 수 있느냐 (요 5:44)

이들은 서로에게서 자신의 영광을 구했다. 우리 역시 이와 동일한 모습은 아닌가? 우리도 자신의 영광을 위해 메시지를 전하고 싶은 유혹을 받고 있지는 않은가? 사역을 받는 자들로부터 자신의 개인적인 영광을 구하려고 한다면, 사역은 심하게 변질되고 만다. 나아가 하나님의 생각보다 사람들의 생각에 더욱 신경 쓰는 자가 된다. 많은 이들이 경험해 온 거절은 대체로 사람들에게서 영광을 취하려는 갈망과 복잡하게 얽혀 있는 경우가 많다. 성경은 분명한 진리를 말씀하고 있다. 사람에게서 기쁨을 구하는 자는 참된 그리스도의 종이 될 수 없다!(갈 1:10)

거절의 문을 통해 들어오는 발람의 인격적 결함이 지닌 또 다른 측면은 성적 부도덕이다. 거절의 상처를 치유받지 못한 이들 중에는 사역을 받는 이들과의 불법적인 관계를 통해 수용을 경험하고자 타락한 이들도 있었다. 예언사역이 지닌 초자연적이고 극적인 특성으로 인해, 사람들은 은사 자체뿐 아니라 은사를 소유한 사람마저 경외의 대상으로 삼으려 한다. 거절의 상처를 치유하지 않은 예언사역자들 중에는 부적절한 정서적 관계를 형성하기 위해 이러한 경향을 이용하는 이들도 있다. 이들이 성적 부도덕으로 빠져드는 것은 시간문제이다.

발람의 죄에 빠지지 않기 위해 반드시 기억해야 할 사실은 우리의 진정한 유산이 하늘나라에 있다는 것이다. 잠언 20장 21절은 다음과 같이 말씀한다. "처음에 속히 잡은 산업은 마침내 복이 되지 아니하느니라." 한때 하나님의 방문을 받았던 예언자 발람이 결국은 점쟁이가 되어 죽었다(수 13:22). 우리도 예외가 아니다. 하늘나라에서 받을 상급을 기꺼이 기다리지 못하는 자는 예언자의 정로에서 벗어나 마침내 저주받은 점쟁이로 변질될 수 있다.

고라

'고라'는 문자적으로 '대머리' 혹은 '덮개가 없는'이라는 뜻이다. 고라는 거짓 예언자들의 삶과 사역에서 종종 나타나는 거역을 상징한다. 민수기 16장은 고라와 그가 행한 거역의 개요를 잘 보여 준다.

고라를 포함하여 이스라엘의 명성 있는 몇몇 사람들이 모세와 아론에 대하여 반역을 일으켰다. 그들은 모세와 아론이 지나치게 많은 권세를 누리고 있다고 비난하였다. 온 회중이 모두 다 거룩하다는 구실을 내세우면서 말이다. 외관상 민주적인 움직임으로 보이는 이들의 거역은, 실제로는 보다 큰 권력을 쟁취하려는 욕구에서 비롯된 것이었다. 이와 마찬가지로 오늘날 수많은 거짓 예언자들도 자신의 권위를 확보하기 위해 평등주의를 부르짖는다.

고라는 이스라엘에서 명성이 있는 사람이었다. 그러나 이 사실만으로는 그가 어느 정도의 영적 권위를 소유하고 있었는지 전혀 알 길이 없다. 모세와 아론에게 권위를 주신 분은 백성들이 아니라 하나님이셨다. 오늘날에도 진정한 영적 권위는 교회가 아닌 하나님으로부터 주어진다! 하나님은 고라를 이스라엘 민족 중에서 당시보다 훨씬 더 높은 위치의 지도자로 부르셨을 수도 있다. 그러나 그는 결국 인내의 시험을 통과하지 못했다.

하나님이 부르신 사역에 입문하기 위해서는 반드시 거쳐야 할 과정이 있다. 주님이 이 과정을 고안하신 목적은 우리 자신과 우리의 사역을 받는 이들을 파멸로 몰아갈 인격적 결함을 다루시기 위함이다. 그중 대부분이 거쳐야 할 최종단계는 인내이다. 원수는 예수님께도 그러했듯 우리에게도 십자가 없는 면류관을 제안한다. 하나님의 아들 예수님처럼 우리도 하나님이 주신 길만을 받아들여야 한다. 이 길은 훨씬 좁다. 우리가 권위를 차지하려고 안달하고 조급해한다면, 이는 여전히 우리가 그 권위를 부여받기에 시기상조임을 입증할 뿐이다.

하나님을 기다리는 법을 배우는 것은 참된 영적 권위의 원천이 무엇인지 알고 있음을 인정하는 일이다. 참된 영적 권위는 우리 자신 혹은 우리가 가진 은사와는 무관하다. 우리에게 권위가 주어지는 것은 하나님의 선택에 따른다. 고라가 모세보다 훨씬 더 많은 은사와 능력을 가지고 있었을 수도 있다. 그러나 당시 하나님이 선택하신 지도자는 고라가 아니었다. 우리의 힘과 능력으로는 사역을 완수할 수 없다. 선택받은 자에게 부여해 주시는 하나님의 기름부음을 통해서만 사역이 성취될 수 있다.

고라가 반역을 일으키자, 모세는 하나님의 선택을 받은 자가 누구인지 하나님이 직접 보여 주실 것이라고 대답하였다. 하나님의 나라를 이루는 일보다 자신의 출세에 연연한 사람은 하나님의 선택을 무시한다. 나아가 하나님의 선택을 거절하는 자는 하나님마저 거절한다. 삶 가운데 가인의 고집과 발람의 이기주의를 처리하지 않은 사람은 점차로 하나님이 기름 부어 세우신 지도자를 거절하는 거역에 빠지고, 나아가 하나님께도 거역한다!

거역은 오늘날 교회 안에 만연한 험담과 비난의 원천이다. 은사는 있으나 인내하지 못하는 자들의 이기적인 야망이 이러한 거역을 부채질한다. 거짓 예언자들의 특성을 묘사하는 유다서는 다음과 같이 기록한다. "이 사람들은 원망하는 자며 불만을 토하는 자며 그 정욕대로 행하는 자라 그 입으로 자랑하는 말을 내며 이익을 위하여 아첨하느니라"(유 16).

우리의 선택은 단순명료하다. 하나님이 지도자로 세워 주신 이들을 섬길 수도 있고, 불법적인 방법으로 조급하게 영적 권위를 얻기 위해 사람들의 마음을 빼앗아 자신을 향하게 할 수도 있다. 이런 식의 정치적 술책은 거짓 사역자가 된 이들에게서 전형적으로 발견된다. 가인 안에 있던 고집(self-will)은 발람 안에서 이기주의(self-seeking)가 되었고, 이는 마침내 고라 안에서 자만(self-exaltation)이 되었다. 예수님은 이렇게 말씀하셨다. "누구든지 자기를 높이는 자는 낮아지고"(마 23:12). 고라와 그의 일당들이 받은 심판에 관해 생각해 보자.

> 땅이 그 입을 열어 그들과 그들의 집과 고라에게 속한 모든 사람과 그들의 재물을 삼키매 그들과 그의 모든 재물이 산 채로 스올에 빠지며 땅이 그 위에 덮이니 그들이 회중 가운데서 망하니라 (민 16:32-33)

고라와 그의 친구들은 지옥에 사로잡혀 갔다. 문자 그대로 그들은 산 채로 구덩이에 빠졌다! 고라가 받은 심판은 예언적인 경고이다. 현 체제에 대한 거역이 예언사역으로 부름 받은 이의 삶 속에 고착되면, 그는 지옥의 영역에 빠져 들어 마침내 거짓 선지자로 변질된다. 위험수위를 넘은 이들을 기다리는 것은 일촉즉발의 비극적인 심판뿐이다. 그러나 최후의 순간에도 이들이 죄를 인정하며 회개하고 주님이 베푸시는 회복의 과정에 복종한다면, 심판을 피하고 구원을 받을 수 있다.

은사와 열매

이제 우리는 예언사역에 대해 보다 명확한 이해를 확립해야 한다. 교회가 자칭 예언적이라고 하는 것을 무엇이든 무조건 편견 없이 받아들이는 것은 매우 위험한 태도이다. 은사자를 존경하고 존중하는 것은 바람직한 일이다. 그러나 은사가 성품을 은폐하는 도구가 되도록 방치해서는 안 된다. 예수님은 은사뿐 아니라 열매를 보고 사람을 판단해야 한다고 친히 말씀하셨다.

> 거짓 선지자들을 삼가라 양의 옷을 입고 너희에게 나아오나 속에는 노략질하는 이리라 그들의 열매로 그들을 알지니 가시나무에서 포도를, 또는 엉겅퀴에서 무화과를 따겠느냐 (마 7:15-16)

오늘날 사역자들 중에는 한때 가졌던 주님과의 관계마저 떠나 버린 자들도 있다. 이들은 생명의 길을 벗어나 있으면서도 여전히 하나님이 주신 초자연적인 은사로 사역을 지속해 나간다. 로마서 11장 29절은 이렇게 말씀한다. "하나님의 은사와 부르심에는 후회하심이 없느니라." 하나님은 우리에게 주신 영적인 은사들을 철회하는 분이 아니시다. 그러므로 우리는 우리 중에서 수고하는 자들의 삶의 태도가 어떠한지를 잘 알아야 한다(살전 5:12).

이제 어떻게 살아갈 것인가?

매우 이해하기 힘든 일이긴 하지만, 대부분의 거짓 예언자들은 여전히 크리스천으로 살아간다. 다시 한 번 말지만, 우리가 논의하는 대상은 점성가나 무당 등 명백한 거짓 예언자들이 아니라 이제까지 살펴본 대로 여러 가지 범죄에 빠져든 사람들이다. 하나님의 부르심을 받은 사역자들 중에서 거짓에 빠진 이들이 수없이 많다. 이는 자신의 부르심과 전혀 상관도 없는 사역에 부름 받은 것처럼 위장하거나 미성숙한 상태로 조급하게 사역에 임했기 때문이다. 이런 자들은 자신의 삶에 대한 주님의 계획에서 일탈함으로써 원수의 밥이 되고 말았다.

그러나 이들도 여전히 구원의 상속자들이다. 이들이 자신들을 향한 주님의 갈망에 부합되도록 다시금 회복되는 것을 지켜보는 일은 최고로 위대한 승리이다. 이들은 자신들의 이기적인 동기를 버리고 사랑과 용서의 하나님께 돌아와야 한다. 주님의 뜻은 모든 이가 구원받는 데 있다. 우리는 모든 사람과의 관계 속에서 우리가 받은 구원과 구속과 회복을 최우선적으로 지속시켜 나가야 한다.

유다서는 거짓 예언자들에 대한 반응에 관해 다음과 같은 가르침을 준다.

> 하나님의 사랑 안에서 자신을 지키며 영생에 이르도록 우리 주 예수 그리스도의 긍휼을 기다리라 어떤 의심하는 자들을 긍휼히 여기라 또 어떤 자를 불에서 끌어내어 구원하라 또 어떤 자를 그 육체로 더럽힌 옷이라도 미워하되 두려움으로 긍휼히 여기라 (유 21-23)

우리는 가인이나 발람, 고라가 살던 시대보다 훨씬 더 나은 언약과 약속의 시대를 살아가고 있다. 약속 중 한 가지는 바로 하나님께서 사랑하시는 자를 징계하시고 훈련하신다는 사실이다(히 12:5-8). 거짓 사역자들이 주님의 징계를 받고 그 징계의 손길에 복종하기만 한다면, 주님은 능히 그들을 변화시키신다. 누구든지 무조건 주님께 복종하는 자를 변화시켜 주신다.

당신이 앞에서 언급한 여러 가지 영역의 범죄에 마음을 빼앗긴 상태라면, 속히 하나님께로 돌이키라. 당신의 죄와 인격적 결함을 극복할 수 있도록 도움을 줄만한 사람들을 찾으라. 스스로에 대한 변명을 중단하고 그리스도의 성품을 소유하라. 아직 당신에게는 노선을 변경할 시간이 남아 있다. 주님은 자칭 선지자라 하나 거짓된 자였던 이세벨에게도 회개의 여지를 주셨다. 주님은 당신에게도 회개의 기회를 허락하신다(계 2:20-29).

당신이 목사라면, 현재 당신의 교회 안에서 자라나고 있는 신세대 예언사역자들을 도울 수 있다. 사랑 안에서 그들에게 단호한 자세를 취하라. 성경은 이렇게 말씀한다. "면책은 숨은 사랑보다 나으니라"(잠 27:5). 그들이 불속으로 걸어 들어가지 못하게 하라. 혹시 그들이 불에 데어 화상을 입었다면, 당신은 그들의 치유를 도울 수 있다. 당신은 그들의 영혼을 돌보고, 그들의 삶에 개입하여 조언해 주는 일에 부름 받았다. 이로써 당신은 자신이 행한 일에 관해 주님께 보고할 수 있게 될 것이다(히 13:17). 당신이 속한 공동체 안에 거짓 예언자가 들어오면, 당신은 양들을 희생하지 않는 범위 내에서 그들을 도와야 한다.

결론

앞에서 언급한 진리들을 제시함에 있어, 나는 경험을 통해 몇 가지

잠재적인 위험요소들을 발견했다. 첫째, 정작 이 메시지를 필요로 하는 사람은 이것에 귀 기울이지 않는다는 사실이다. 당신이 예언사역에 부름 받은 자라면, 혹시 당신 안에 어떤 해로운 속성들은 없는지 점검해 주시고 살펴 달라고 주님께 간구하라. 당신을 책임지고 있는 영적 지도자에게 복종하라. 아직 이런 관계를 형성해 두지 못했다면, 속히 당신을 도울 자들을 만나게 해달라고 주님께 기도하라.

둘째, 이런 메시지를 들을 필요가 없는 사람들이 오히려 겸손한 마음으로 이를 받아들인다. 이때 이들은 자신의 동기가 전적으로 순수해질 때까지 사역을 중단하게 될지도 모른다. 그러나 주님은 당신이 사역을 그만두는 것을 결코 원치 않으신다는 것을 명심하라. 주님은 당신이 주님의 성품을 가지고 권능 안에서 사역하기를 원하신다. 주님의 징계를 받아들이는 동안이라도 계속해서 주님의 길을 걸어가라.

셋째, 수많은 미성숙한 예언자들이 거짓 예언자로 비칠 우려가 있다. 지도자들이 이 메시지에 과잉반응하게 되면, 현재 주님의 섭리 가운데 예언사역자로 빚어져 가고 있는 수많은 사람들을 아예 초기부터 근절시켜 버릴 위험이 있다. 목사들은 이러한 오류를 범해서는 안 된다. 오히려 공동체 안에서 현재 성장하고 있는 젊은 예언자들이 누구인지를 바로 깨닫고, 이들의 삶에 하나님의 온전한 뜻이 이루어지도록 끝까지 안내하며 도와주어야 한다.

이상에 언급한 것 이외에도 여러 가지 반작용들이 있다. 그러나 최소한 이 내용들만은 적극적으로 다루어져야 한다. 하나님은 교회 안에 예언사역을 회복시키는 중이시며, 우리는 이를 받아들여야 한다. 여러 가지 그릇된 동기들을 이해해야 하는 이유는 단지 거짓 예언자들을 분별하기 위해서만은 아니다. 우리 가운데 자라나고 있는 신세대 예언사역자들이 온전하게 성장하기까지 이들을 받아들이고 지도해 주기 위함이기도 하다.

Chapter 11

속임수의 뿌리

그릇된 동기들은 앞에서 언급된 것들 외에 또 다른 문제를 불러일으킨다. 바로 우상숭배에 관한 문제이다. '하나님의 음성을 듣는' 일은 대체로 어느 정도는 주관적인 성격을 띤다. 완벽하게 객관적인 경우는 드물다. 우리는 마음이나 생각에 들어 있는 이슈들을 통해 하나님의 음성을 듣는다. 따라서 정결한 마음과 깨끗한 생각을 갖는 것이 매우 중요하다. 마음과 생각의 불결함은 우리가 듣는 하나님의 음성을 오염시킨다.

발람의 예화는 우상숭배에 따른 속임수의 위험성이 얼마나 끔찍한지에 대해 놀라운 통찰을 제공한다. 발람의 이야기는 예언의 은사를 가진 사람도 하나님의 인도를 받는 일에 속임을 당할 수 있다는 경고의 나팔이기도 하다.

발람의 삶을 이해함으로써 우리는 두 가지 중요한 유익을 얻을 수 있다. 첫째, 하나님의 인도를 따르는 데는 실질적인 지침들이 필요하다. 둘째, 마음에 우상숭배를 허용해 둔 정도는 속임수 및 망상에 빠져들 가능성과 비례한다. 이러한 사실들을 제대로 깨달을 때, 우리는 무례함이 아닌 경외심을 가지고 주님을 대하게 될 것이다.

이스라엘 자손이 또 길을 떠나 모압 평지에 진을 쳤으니 요단 건너편 곧 여리고 맞은편이더라 십볼의 아들 발락이 이스라엘이 아모리인에게 행한 모든 일을 보았으므로 모압이 심히 두려워하였으니 이스라엘 백성이 많음으로 말미암아 모압이 이스라엘 자손 때문에 번민하더라 미디안 장로들에게 이르되 이제 이 무리가 소가 밭의 풀을 뜯어먹음 같이 우리 사방에 있는 것을 다 뜯어먹으리로다 하니 그 때에 십볼의 아들 발락이 모압 왕이었더라 그가 사신을 브올의 아들 발람의 고향인 강가 브돌에 보내어 발람을 부르게 하여 이르되 보라 한 민족이 애굽에서 나왔는데 그들이 지면에 덮여서 우리 맞은편에 거주하였고 우리보다 강하니 청하건대 와서 나를 위하여 이 백성을 저주하라 내가 혹 그들을 쳐서 이겨 이 땅에서 몰아내리라 그대가 복을 비는 자는 복을 받고 저주하는 자는 저주를 받을 줄을 내가 앎이니라 모압 장로들과 미디안 장로들이 손에 복채를 가지고 떠나 발람에게 이르러 발락의 말을 그에게 전하매 발람이 그들에게 이르되 이 밤에 여기서 유숙하라 여호와께서 내게 이르시는 대로 너희에게 대답하리라 모압 귀족들이 발람에게서 유숙하니라 하나님이 발람에게 임하여 말씀하시되 너와 함께 있는 이 사람들이 누구냐 발람이 하나님께 아뢰되 모압 왕 십볼의 아들 발락이 내게 보낸 자들이니이다 이르기를 보라 애굽에서 나온 민족이 있어 지면에 덮였으니 이제 와서 나를 위하여 그들을 저주하라 내가 혹 그들을 쳐서 몰아낼 수 있으리라 하나이다 하나님이 발람에게 이르시되 너는 그들과 함께 가지도 말고 그 백성을 저주하지도 말라 그들은 복을 받은 자들이니라 발람이 아침에 일어나서 발락의 귀족들에게 이르되 너희는 너희의 땅으로 돌아가라 여호와께서 내가 너희와 함께 가기를 허락하지 아니하시느니라 모압 귀족들이 일어나 발락에게로 가서 전하되 발람이 우리와 함께 오기를 거절하더이다 발락이 다시 그들보다 더 높은 고관들을 더 많이 보내매 그들이 발람에게로 나아가서 그에게 이르되 십볼의 아들 발락의 말씀에 청하건대 아무 것에도 거리끼지 말고 내게로 오라 내가 그대를 높여 크게 존귀하게 하고 그대가 내게 말하는 것은 무엇이든지 시행하리니 청하건대 와서 나를 위하여 이 백성을 저주하라 하시더이다 발람이 발락의 신하들에게 대답하여 가로되 발락이 그 집에 가득한 은금을 내게 줄지라도 내가 능히 여호와 내 하나님의 말씀을 어겨 덜하거나 더하지 못하겠노라 그런즉 이제 너희도 이 밤에 여기서 유하라 여호와께서 내게 무슨 말씀을 더하실지 알아보리라 밤에 하나님이 발람에게 임하여 이르시되 그 사람들이 너를 부르러 왔거든 일어나 함께 가라 그러나 내가 네게 이르는 말만 준행할지니라 발람이 아침에 일어나서 자기 나귀에 안장을 지우고 모압 고관들과 함께 가니 그가 감으로 말미암아 하나님이 진노하시므로 여호와의 사자가 그를 막으려고 길에 서니라 발람은 자기 나귀를 탔고 그의 두 종은 그와 함께 있더니 나귀가 여호와의 사자가 칼을 빼어 손에 들고 길에 선 것을 보고 길에서 벗어나 밭으로 들어간지라 발람이 나귀를 길로 돌이키려고 채찍질하니 (민 22:1-23)

발람이 가진 권능이 어떠했는지를 생각해 보라. 9절은 성경에서 발람에 관해 언급된 최초의 구절이다. 하나님이 발람에게 나타나 말씀하고 계신다. 발람은 아주 놀랄 만한 예언 능력의 소유자였던 것이 분명하다. 심지어 모압 왕 발락은 이스라엘을 패배시킬 유일한 희망이 발람의 은사에 달려 있다고 여길 정도였다(6절). 발람의 삶을 면밀히 살펴보기 위한 기초 작업의 하나로 우리가 염두에 두어야 할 명백한 사실이 있다. 발람은 하나님의 음성을 듣는 자였고, 하나님은 발람이 선포하는 예언적 메시지에 귀 기울여 주셨다.

당신이 원하는 바를 얻다

우선 첫 번째로 살펴볼 질문이 있다. 왜 하나님은 말씀에 순종하고 있는 사람을 죽이려고 하셨을까? 20절에서 하나님은 발람에게 모압의 귀족들과 함께 가라고 하셨다. 다만 주님이 그에게 해주시는 말씀만을 전하라고 당부하신다. 그런데 22절에서 주님은 말씀에 순종하여 길을 떠나는 발람을 죽이시려고 한 천사를 보내셨다! 말씀에 순종한 발람을 왜 죽이려 하신 것일까?

이것에 대해 보다 면밀히 조사해 볼 때, 한 가지 사실이 드러난다. 발람이 발락에게 가는 것은 결코 하나님의 뜻이 아니었다. 주님의 본래 의도는 간단명료했다. 주님은 발람에게 모압의 사신들과 함께 가지 말라고 하셨다(12절). 얼마 후 이전보다 훨씬 높은 지위를 가진 귀족들이 발람을 찾아와 엄청난 선물을 제시한다. 돈에 대한 탐욕에 눈이 먼 발람은 하나님의 생각이 혹시라도 바뀌었는지 재차 물어 본다. 그런데 이번에는 하나님이 발람에게 가도 좋다고 허락하신다(20절). 그러나 실제로 길을 떠나는 발람의 모습에 하나님은 화가 나셨다. 결국 천사를 보내어 그를 죽이려고 하셨다!(22절)

이제 두 번째 질문을 살펴보자. 왜 하나님은 발람으로 하여금 발락에게 가는 것을 허락하셨을까? 처음처럼 두 번째 경우에도 가지 말라고 명령하셔도 좋지 않았을까? 세 번째 질문은 다음과 같다. 발람은 하나님의 음성을 분명하게 듣는 사람이었다. 어떻게 이런 사람이 이토록 심각한 속임수에 걸려들 수 있었을까? 이 두 가지 질문에 대한 해답은, 하나님이 마음에 우상을 품은 자들을 다루시는 방법을 살펴보는 가운데 찾을 수 있다. 하나님은 이에 관한 내용을 에스겔에게 알려 주셨다.

> 이스라엘 장로 두어 사람이 나아와 내 앞에 앉으니 여호와의 말씀이 내게 임하여 이르시되 인자야 이 사람들이 자기 우상을 마음에 들이며 죄악의 걸림돌을 자기 앞에 두었으니 그들이 내게 묻기를 내가 조금인들 용납하랴 그런즉 너는 그들에게 말하여 이르라 나 주 여호와가 말하노라 이스라엘 족속 중에 그 우상을 마음에 들이며 죄악의 걸림돌을 자기 앞에 두고 선지자에게로 가는 모든 자에게 나 여호와가 그 우상의 수효대로 보응하리니 이는 이스라엘 족속이 다 그 우상으로 말미암아 나를 배반하였으므로 내가 그들이 마음먹은 대로 그들을 잡으려 함이라 (겔 14:1-5)

하나님은 우리 안에 있는 우상을 통해 말씀하신다. 우리가 우상,

곧 하나님의 계시된 뜻과는 상치되는 무언가를 마음으로 갈망하면서 하나님의 뜻을 물으면, 하나님은 그 우상에 따라 말씀해 주신다. 하나님의 계시된 뜻과는 상반되는 줄 알면서도 하나님께 묻는다면, 이는 이미 속임수에 가담하고 있음을 반증하는 것일 뿐이다. 하나님의 뜻을 알면, 주님께 다시 물을 필요가 없다. 그저 순종하기만 하면 된다!

발람은 자신이 처한 상황 가운데 하나님의 뜻이 무엇인지 이미 분명히 알고 있었다. 하나님은 첫 번째 메시지를 통해 이미 답변을 주셨다. 그런데 그가 다시 하나님께 묻자 하나님은 발람의 내면 깊은 곳에 있는 우상, 곧 부와 명예에 대한 갈망을 통해 말씀하셨다. 우리도 마찬가지이다. 주님은 우리의 우상을 통해 말씀하신다. 우리가 하나님을 경외해야 할 실제적인 이유도 바로 여기에 있다. 계속해서 속임수 가운데 머물러 있는 한, 주님도 우리의 속임수에 함께 관여하신다.

속임수에 넘어가다

속임수와 관련하여 가장 심각한 문제는 우리 자신이 속임을 당하고 있다는 사실을 알지 못한다는 것이다. 속임수에 넘어간 대부분의 사람들은 자신이 하나님의 음성을 따르고 있다고 굳게 믿는다. 계속해서 발람의 이야기를 살펴보자.

나귀가 여호와의 사자가 칼을 빼어 손에 들고 길에 선 것을 보고 길에서 벗어나 밭으로 들어간지라 발람이 나귀를 길로 돌이키려고 채찍질하니 여호와의 사자는 포도원 사이 좁은 길에 섰고 좌우에는 담이 있더라 나귀가 여호와의 사자를 보고 몸을 담에 대고 발람의 발을 그 담에 짓누르매 발람이 다시 채찍질하니 여호와의 사자가 더 나아가서 좌우로 피할 데 없는 좁은 곳에 선지라 나귀가 여호와의 사자를 보고 발람 밑에 엎드리니 발람이 노하여 자기 지팡이로 나귀를 때리는지라 여호와께서 나귀 입을 여시니 발람에게 이르되 내가 당신에게 무엇을 하였기에 나를 이같이 세 번을 때리느냐 발람이 나귀에게 말하되 네가 나를 거역하기 때문이니 내 손에 칼이 있었더면 곧 너를 죽였으리라 나귀가 발람에게 이르되 나는 당신이 오늘까지 당신의 일생 동안 탄 나귀가 아니냐 내가 언제든지 당신에게 이같이 하는 버릇이 있었더냐 그가 말하되 없었느니라 그 때에 여호와께서 발람의 눈을 밝히시매 여호와의 사자가 손에 칼을 빼들고 길에 선 것을 보고 머리를 숙이고 엎드리니 여호와의 사자가 그에게 이르되 너는 어찌하여 네 나귀를 이같이 세 번 때렸느냐 보라 내 앞에서 네 길이 사악하므로 내가 너를 막으려고 나왔더니 나귀가 나를 보고 이같이 세 번을 돌이켜 내 앞에서 피하였느니라 나귀가 만일 돌이켜 나를 피하지 아니하였더면 내가 벌써 너를 죽이고 나귀는 살렸으리라 발람이 여호와의 사자에게 말하되 내가 범죄하였나이다 당신이 나를 막으려고 길에 서신 줄을 내가 알지 못하였나이다 당신이 이를 기뻐하지 아니하시면 나는 돌아가겠나이다 여호와의 사자가 발람에게 이르되 그 사람들과 함께 가라 내가 네게 이르는 말만 말할지니라 발람이 발락의 고관들과 함께 가니라 (민 22:23-35)

예언의 은사를 가지고 있던 발람이 우상에 의해 어떻게 이토록 영적으로 철저히 둔감해질 수 있었는지 생각해 보라. 발람은 자기를 죽이려고 파견된 천사도 알아보지 못했다. 타고 있는 당나귀가 말하기 시작했을 때에는 나귀의 말에 응대하기조차 했다! 분명 발람은 앞으로 주어질 부와 명예에 온통 마음이 빼앗겨 있었다. 그래서 눈앞에 펼쳐지는 기적적인 상황마저 감지하지 못했다. 당신이라면 어떻게 했겠는가? 만일 나귀가 입을 열어 당신에게 무언가를 물어보았다면 말이다. 나귀와 말다툼을 하기보다는 오히려 왜 그리고 어떻게 짐승이 말을 할 수 있었는지가 먼저 궁금해지지 않겠는가?

칼을 찬 천사를 보고 난 후에도 발람은 하나님의 뜻을 거슬러 모압으로 가는 것을 죄로 인정하지 않았다. 물론 34절에서 외관상 발람은 회개하는 듯하다. 그러나 자세히 살펴보면 이 회개는 32절에서 왜 애꿎은 당나귀를 때렸느냐는 천사의 질문에 대한 응답에 불과함을 알 수 있다. 즉, 나귀를 때린 책임을 지겠다는 말일 뿐이다.

믿을 수 없는 사실이지만, 이러한 상황 속에서도 발람은 끝끝내 모압으로의 여정을 중단하지 않았다. 발람은 천사에게 자신이 발락에게 가는 것을 하나님이 기뻐하지 않으신다면 다시 되돌아가겠노라고 말한다. 그는 왜 '만일 하나님이 이를 기뻐하지 않는다면'이라고 표현한 것일까? 하나님은 단지 발람의 행위를 기뻐하지 않으신 데 그친 것이 아니셨다. 심지어 그를 죽이려고 천사까지 보내셨을 정도였다! 그러나 명예와 부의 우상에 마음을 빼앗긴 발람은 하나님의 뜻을 조금도 깨닫지 못했다. 정말 어처구니없게도 그는 여전히 발락이 있는 데로 가게 해달라고 주님께 간청했다. 이보다 더 충격적인 사실은 주님이 이번에도 발람의 우상을 통해 응답하셨다는 것이다. 주님은 그에게 가도 좋다고 허락하셨다.

우리에게 주는 교훈들

이러한 현상은 비단 발람의 경우에 그치지 않는다. 수십 년간 신실하게 사역하다가 결국은 마음의 우상을 따라가다 치욕스런 죽음을 맞이한 비극의 주인공들은 최근의 교회사 안에서도 얼마든지 찾아볼 수 있다. 이들도 자신이 하나님의 뜻을 따르고 있다고 굳게 믿었다. 지혜로운 자는 다른 사람의 삶을 통해 교훈을 얻는다. 발람의 이야기는 우상숭배의 위험성에 관한 경고 외에도, 몇 가지 실제적인 통찰을 준다.

1) 하나님의 계시된 뜻을 따라 행하라.
일차적으로 하나님의 뜻은 기록된 말씀인 성경에 계시되어 있다. 그러므로 성경말씀에 위배되는 일은 하지 말아야 한다. 성경말씀과 상충되는 하나님의 인도하심은 부정확한 것으로 판단하라. 발람은 기록된 말씀을 갖고 있지 않았다. 그가 가지고 있던 하나님의 계시된 뜻은 단지 지난날 하나님과의 만남을 통해 받은 것들뿐이었다. 최초로 계시해 주신 메시지야말로 하나님의 궁극적이고 결정적인 뜻이었다. 발람이 하나님의 의도에 의문을 품을 이유는 전혀 없었다. 그러나 부와 명예에 대한 탐욕에 눈이 먼 발람은 하나님의 계시된 뜻을 무시했다. 나아가 또 다른 메시지를 구함으로써 스스로 속임수 가운데로 빠져 들어 갔다.

2) 하나님이 뜻을 바꾸시는 일은 드물다.

발람은 하나님의 생각이 바뀌었다는 말씀을 듣기 원했다. 하나님이 자신의 간청을 들어주시기를 바랐다. 에스겔에 나타난 설명과도 같이, 주님은 발람에게도 그의 마음속 우상을 따라 말씀하셨다. 이는 우리에게 매우 중요한 교훈을 시사해 준다.

오늘날 우리 사회의 권위 구조는 이전에 비해 훨씬 느슨해졌다. 이러한 풍조로 인해 많은 이들이 하나님도 뜻을 바꾸어 자신들의 온갖 소원을 들어주시는 관용적인 분이라는 속임수에 빠져 들었다. 우상에 눈 먼 상태로 계속해서 하나님의 뜻을 묻는다면, 주님의 허락은 받을 수 있을지 모르나 영적인 면에서는 엄청난 손실을 감내해야 한다.

3) 이전 것과 모순되는 메시지는 신중하게 검토해 보라. 특히 우리 안에 의심스러운 동기가 자리하고 있다면 더욱 신중하게 검토하라.

주님은 발람이 가진 우상을 따라 말씀하셨다. 그리고 천사의 증거를 통해 발람이 발락에게 가는 것이 하나님의 계시된 뜻에 위배됨을 알려 주셨다. 20절에서 주님은 발람에게 말씀하신다. "그 사람들이 너를 부르러 왔거든 일어나 함께 가라."

발람은 이 메시지가 이미 자신의 욕구로 인해 오염되어 있는 것임을 분명히 깨달아야 했다. 그 사람들은 이미 발람에게 도착해 있었다!

그들이 발람을 데려가려고 이미 와 있다는 사실을 주님이 모르실리 없었다. 이처럼 명백한 모순을 보면서 발람은 깨달음을 얻어야 했다. 자신이 들은 메시지가 이미 스스로의 욕망으로 더럽혀져 있다는 사실을 말이다. 우리도 마찬가지이다. 아무리 주님께 받은 말씀이라 해도 뭔가 미심쩍은 사항이 있다면, 이를 신중히 검토해 보아야 한다.

4) 일단 속임수의 영역에 들어가면 헤어 나오기가 어렵다.

자신을 죽이기 위해 파송된 천사와의 만남 이후에도 발람은 우상을 버리지 않았다. 부와 명예에 대한 탐욕에 사로잡힌 발람이 천사에게 묻는다. "당신이 이를 기뻐하지 아니하시면 나는 돌아가겠나이다." "이를 기뻐하지 아니하시면"이라니? 천사가 발람의 목을 베려 한다는 사실 자체가 이미 주님이 기뻐하지 않으심을 충분히 말해 주고 있지 않는가? 주님이 기뻐하지 않으시는 증거를 더 이상 무엇으로 보여 준단 말인가?

발람은 자신의 행동이 하나님의 뜻에 거슬리는 것임을 인정하고 집으로 돌아가지 않았다. 그는 여전히 모압을 향한 발걸음을 멈추지 않았다. 발람의 마음속 우상을 통과하여 나온 하나님의 말씀은 이러했다. "그 사람들과 함께 가라 내가 네게 이르는 말만 말할지니라." 이전에도 발람은 이와 동일한 메시지에 순종한 적이 있었다. 그때에도 죽음을 자초할 뻔한 순종이었다.

이러한 사실은 우리에게 심각한 경고가 된다. 우리가 어떤 거짓을 믿으려 고집을 부린다면, 주님도 우리가 그 거짓을 믿도록 그냥 내버려 두신다. 고집은 우리를 파멸로 이끌 수도 있다.

5) 우상숭배와 속임수에서 해방되려면 하나님을 경외하라.

"여호와를 경외하는 것이 지혜의 근본이요"(잠 9:10). 여호와를 경외하지 않는 사람은 진정으로 하나님의 지혜를 소유할 수 없다. 하나님을 경외하지 않는 사람의 지혜는 세상적이거나 마귀적이며 혼란만 가중시킬 뿐이다(약 3:14-17). 반면 하나님을 경외하는 자는 악에서 떠난다. "인자와 진리로 인하여 죄악이 속하게 되고 여호와를 경외함으로 말미암아 악에서 떠나게 되느니라"(잠 16:6).

우상숭배를 벗어나다

하나님이 우리 삶 가운데 밝히 드러내 주신 모든 우상과 그릇된 욕망들은 가차 없이 철저하게 처리해야 한다. 예수님은 손으로 행하는 일들(우리의 행위를 의미함)에 관해서만 아니라 눈으로 행하는 일들(우리의 생각들을 의미함)에 관해서도 명령을 내리셨다.

> 또 간음하지 말라 하였다는 것을 너희가 들었으나 나는 너희에게 이르노니 음욕을 품고 여자를 보는 자마다 마음에 이미 간음하였느니라 만일 네 오른 눈이 너로 실족하게 하거든 빼어 내버리라 네 백체 중 하나가 없어지고 온 몸이 지옥에 던져지지 않는 것이 유익하며 또한 만일 네 오른 손이 너로 실족하게 하거든 찍어 내버리라 네 백체 중 하나가 없어지고 온 몸이 지옥에 던져지지 않는 것이 유익하니라 (마 5:27-30)

하나님은 우리 안에 있는 탐욕을 결코 간과하지 않으신다. 우리 역시 자신의 탐욕을 그대로 방치해서는 안 된다. 우상숭배에서 말미암은 생각들은 단순히 위험스러운 정도에 그치는 것이 아니다. 이런 생각들은 매우 치명적이다.

> 욕심이 잉태한즉 죄를 낳고 죄가 장성한즉 사망을 낳느니라 내 사랑하는 형제들아 속지 말라 (약 1:15-16)

우리가 살아가는 이 시대는 경이로우면서 위험하다. 우리는 주님이 현재 행하시는 일과 앞으로 행하실 모든 일에 대해 즐거워할 충분한 이유가 있다. 그러나 삶 속에 우상숭배를 방치해 두는 일은 참으로 주제넘는 짓이다. 제발 속지 말라. 마음속에 있는 것은 언젠가는 행동으로 나타나기 마련이다. 하나님의 뜻을 품은 자는 하나님의 뜻을 행한다. 자신의 의지 곧 우상을 품고 있는 자는 우상숭배를 행한다.

우리는 마음과 뜻과 생각과 힘을 다해 주님을 따라야 한다. 뿐만 아니라 마음속의 그 어떤 우상도 발견되는 대로 제거해 버려야 한다. 죄나 악한 생각을 소홀히 다루어서는 안 된다. 하나님은 우리의 아버지이시다. 하나님은 우리를 보호해 주기 원하신다. 그러나 우리는 앞서간 세대를 통해 말씀하시는 하나님의 경고와 훈계를 결코 멸시하지 말아야 한다. 스스로 속임수에 빠져 들지 않도록 주의하라.

Chapter 12

거절 극복하기

오늘날 떠오르고 있는 수많은 예언사역자들이 극복해야 할 주된 문제 중 하나는 거절이라는 견고한 진이다. 거절은 기독교 신앙에서 파생된 일종의 부산물이다. 그러나 예언사역으로 부름 받은 자들에게 있어 거절은 일종의 특별한 테스트이다.

예언사역자들이 그리스도의 몸 된 교회 안에서 건강하게 기능하려면, 거절과 거절에 따른 사람에 대한 두려움을 떨쳐 버려야 한다. 사람을 두려워하면 올무에 걸린다(잠 29:25). 예언사역자로 부름 받은 이들은 사람에 대한 두려움에서 해방되어야 한다. 하나님이 예레미야에게 주신 말씀의 진리는 오늘날의 예언사역자들에게도 그대로 적용된다.

> 그러므로 너는 네 허리를 동이고 일어나 내가 네게 명령한 바를 다 그들에게 말하라 그들 때문에 두려워하지 말라 네가 그들 앞에서 두려움을 당하지 않게 하리라 (렘 1:17)

본문에서 '두려움을 당하다'(confound)는 원래 '두렵고 혼란스러워 넙죽 엎드리다'란 뜻이다. 사람을 두려워하면 혼란의 올무에 걸려든다. 예언사역자가 사역을 받는 이들을 두려워하면, 혼란스러움에 압도당하여 결국 사역의 능력을 제대로 발휘하지 못하게 된다. 예언사역은 자체만의 독특한 속성이 있다. 또한 하나님은 예언사역을 통해 특별한 섭리를 이루려고 하실 때가 많다. 대개 예언사역자들의 삶에 거절과 사람에 대한 두려움이 만연되어 있는 이유가 바로 여기에 있다.

거절에 대한 해결책

수많은 이유로 예언사역자들 사이에 거절감이 널리 번져 있다. 어떤 이들에게는 거절의 경험이 예언사역자로의 발판이 되기도 한다. 이들은 수년간에 걸쳐 사람들로부터 거절을 경험한 후, 자신들을 결코 버리거나 떠나지 않는 친구로서의 하나님을 만난다. 주님과 함께 점점 더 많은 시간을 보냄에 따라 주님은 그들에게 비밀을 계시해 주기 시작하신다. 그들은 여러 가지 일들을 예언적으로 알게 된다. 하나님으로부터 받은 계시를 예언적으로 선포하는 일은 오히려 더 많은 거절을 불러오는 원인으로 작용한다. 거절을 당하면 당할수록 그들은 더욱더 주님께 가까이 이끌려 간다. 이러한 순환주기가 반복되면서, 계시의 분량은 거절의 분량과 함께 증대되어 간다.

한편 어떤 이들은 예언사역자로 빚어지기 위한 단계로서 독특한 삶의 방식으로 부름 받기도 한다. 바로 장기간에 걸친 기도, 금식, 다른 이들로부터의 분리 등이다. 이러한 방식의 삶을 살아가는 사람들은 어렵지 않게 친구나 가족들로부터 거절과 오해를 산다. 어떤 이들의 경우에는 사역자가 되기 위한 준비로서 특별한 요구사항이나 금기사항을 준수해야 한다. 이것은 당연히 그들에게 더 많은 거절을 불러들인다. 자신도 모르게 친구나 가족에게 예언적인 말을 선포하기 시작함으로써 거절을 경험하는 자들도 있다.

거절은 예언사역으로 부름 받은 자들에게 있어 일종의 특별한 테스트이다. 주님은 특정한 인격적 결함들, 예를 들어 분노, 두려움, 사람의 인정을 받으려는 욕구 등에서 우리가 자유케 되기를 원하신다. 이러한 인격적 결함을 그대로 가지고 있는 한 우리는 주어진 사역을 온전히 성취할 수 없다.

원수는 어떻게 해서든 이런 인격적 결함들을 우리 삶의 구조 속에 강화시키려고 안간힘을 쓴다. 하나님과 사단 모두 각자의 목적을 이루기 위해 거절이라는 도구를 사용한다. 거절에 대한 우리의 반응에 따라 하나님의 목적이 성취될 수도 있고, 사단의 목적이 성취될 수도 있다.

오늘날은 거절이 무엇인지를 잘 이해하고 이를 극복하는 일이 무엇보다 절실히 요청된다. 그동안 준비 기간을 거치며 숨어 있던 수많은 예언사역자들이 이제 점점 교회 안으로 받아들여지고 있다. 물론 사역자로 환영받는다고 해서 이들 안에 있던 거절의 상처가 저절로 치유되는 것은 아니다. 오히려 정반대의 결과가 초래될 때가 많다. 이들은 교회가 자신들을 받아들인 이유가 자신이 가진 예언의 은사 때문일 뿐, 존재

자체에 대한 수용은 아니라는 사실을 너무나도 잘 알고 있다.

당신은 예언사역자인가? 그렇다면 한시라도 빨리 솔직하게 자신을 드러내고 거절의 문제를 처리할 방법을 모색하기 바란다. 당신은 목사 혹은 평신도 지도자인가? 그렇다면 당신의 돌봄을 받고 있는 예언사역자들을 돕기 위해서라도 거절에 관해 반드시 제대로 이해해 두기 바란다. 이제 막 성장 중인 예언사역자들이 자신의 직분을 잘 감당하도록 돕기 위해, 우리는 거절과 그에 따른 부차적인 문제들을 허심탄회하게 다루어야 한다.

극적인 사례

열왕기상 13장 1-6절은 왜 거절의 시험을 반드시 통과해야 하는지를 보여 주는 매우 훌륭한 실례이다. 이 본문은 성경에서 가장 낯설고도 쉽게 이해할 수 없는 내용 중 하나이다. 여기서 우리는 예언사역으로 부름 받은 이들을 위한 몇 가지 중요한 통찰들을 발견하게 된다.

그 때에 하나님의 사람이 여호와의 말씀으로 말미암아 유다에서부터 벧엘에 이르니 마침 여로보암이 제단 곁에 서서 분향하는지라 하나님의 사람이 제단을 향하여 여호와의 말씀으로 외쳐 이르되 제단아 제단아 여호와께서 이와 같이 말씀하시기를 다윗의 집에 요시야라 이름하는 아들을 낳으리니 그가 네 위에 분향하는 산당 제사장을 네 위에 제물로 바칠 것이요 또 사람의 뼈를 네 위에서 사르리라 하셨느니라 하고 그 날에 그가 징조를 들어 이르되 이는 여호와께서 말씀하신 징조라 제단이 갈라지며 그 위에 있는 재가 쏟아지리라 하매 여로보암 왕이 하나님의 사람의 벧엘에 있는 제단을 향하여 외쳐 말함을 들을 때에 제단에서 손을 펴며 그를 잡으라 하더라 그를 향하여 편 손이 말라 다시 거두지 못하며 하나님의 사람이 여호와의 말씀으로 보인 징조대로 제단이 갈라지며 재가 제단에서 쏟아진지라 왕이 하나님의 사람에게 말하여 이르되 청하건대 너는 나를 위하여 네 하나님 여호와께 은혜를 구하여 내 손이 다시 성하게 기도하라 하나님의 사람이 여호와께 은혜를 구하니 왕의 손이 다시 성하여 전과 같이 되니라

분노

오늘날 예언사역자들 중에는 현 지도자들에 대해 분노하거나 증오하는 이들이 매우 많다. 이는 지난날 지도자로부터 받은 거절로 인한 현상이다. 열왕기상 13장에 나타난 하나님의 사람은 분노라는 인격적인 결함을 극복한 인물이었다. 6절에서 손이 마른 왕은 젊은 하나님의 사람에게 자신의 치유를 위해 하나님께 기도해 달라고 간청한다. 여로보암 왕은 누구인가? 하나님의 백성들로 하여금 우상숭배에 빠지도록 만든 왕이 아니던가? 또한 자신의 군사들에게 이 젊은 하나님의 사람을 잡으라고 명령한 사람이 아니었던가? 어쩌면 이 젊은이는 군사들에게

잡혀 죽을 수도 있었다.

만일 이 젊은 하나님의 사람이 증오로 가득 차 있는데다 치유되지 못한 상처를 가진 예언자였다면, 다음과 같이 대답했을지도 모른다. "변절자인 주제에 어찌 감히 하나님을 찾는단 말이오! 당신이 섬기는 이방 신에게나 기도해 보시오. 혹시 그들이 고쳐 줄지 누가 아오? 하나님은 결코 당신을 치유해 주지 않으실 거요. 당신은 이미 하나님을 떠났고, 하나님의 백성들까지 유리하고 방황하게 만들었소! 바로 지금 이후 열조와 함께 묻히는 순간까지, 당신은 두 번 다시 그 누구를 향해서도 손을 펴거나 들어 올리지 못할 것이오."

물론 그는 이렇게 대답하지 않았다. 오히려 왕을 위해 하나님께 기도해 주었고, 하나님은 왕의 손을 다시금 회복시켜 주셨다. 그는 왕이 자기 개인을 향해 반발하는 것으로 받아들이지 않았다. 이런 의미에서 볼 때, 그는 거절을 극복한 자였다. 단지 화를 내지 않은 차원에 머문 것이 아니었다. 왕을 위해 하나님께 간구해 주기조차 했다. 우리 중 자신을 해하려는 이를 위해 기꺼이 기도해 줄 수 있는 사람이 과연 몇이나 될까? 진정 주님을 닮기 원한다면, 우리에게 저주를 퍼붓는 자를 축복하고, 우리를 못살게 굴고 핍박하는 자를 위해 기도해 줄 수 있어야 한다(마 5:44-48).

오늘날 과거에 경험한 거절의 상처로 인해 자신의 내면에 형성되어 있다가 분출되어 나오는 분노를, 마치 하나님의 분노인 양 오해하는 이들이 너무도 많다. 예수님의 제자들 중에도 이런 문제로 갈등한 이들이 있었다. 사마리아인들의 지경을 지나가지 못하도록 제재를 당했을 때,

야고보와 요한은 하늘에서 불을 내려 당장 그들을 멸절시키고 싶어 했다. 수많은 사람들이 분노의 문제로 자신의 궁극적인 소명을 이루지 못하고 말았다. 앞에서 살펴본 바와 같이 모세의 경우도 예외가 아니었다.

사람의 인정을 받고 싶은 욕구

왕이 하나님의 사람에게 이르되 나와 함께 집에 가서 쉬라 내가 네게 예물을 주리라 하나님의 사람이 왕께 대답하되 왕께서 왕의 집 절반으로 내게 준다 할지라도 나는 왕과 함께 들어가지도 아니하고 이곳에서는 떡도 먹지 아니하고 물도 마시지 아니하리니 이는 곧 여호와의 말씀이 내게 명령하여 이르시기를 떡도 먹지 말며 물도 마시지 말고 왔던 길로 되돌아가지 말라 하셨음이니이다 하고 이에 다른 길로 가고 자기가 벧엘에 오던 길로 되돌아가지도 아니하니라 벧엘에 한 늙은 선지자가 살더니 그 아들들이 와서 이 날에 하나님의 사람이 벧엘에서 행한 모든 일을 그에게 말하고 또 그가 왕에게 드린 말씀도 그들이 그들의 아버지에게 말한지라 … 하나님의 사람을 뒤따라가서 상수리나무 아래에 앉은 것을 보고 이르되 그대가 유다에서 온 하나님의 사람이냐 대답하되 그러하다 그가 그 사람에게 이르되 나와 함께 집으로 가서 떡을 먹으라 대답하되 나는 그대와 함께 돌아가지도 못하겠고 그대와 함께 들어가지도 못하겠으며 내가 이곳에서 그대와 함께 떡도 먹지 아니하고 물도 마시지 아니하리니 이는 여호와의 말씀이 내게 이르시기를 네가 거기서 떡도 먹지 말고 물도 마시지 말며 또 네가 오던 길로 되돌아가지도 말라 하셨음이로다 그가 그 사람에게 이르되 나도 그대와 같은 선지자라 천사가 여호와의 말씀으로 내게 이르기를 그를 네 집으로 데리고 돌아가서 그에게 떡을 먹이고 물을 마시게 하라 하였느니라 하니 이는 그 사람을 속임이라 이에 그 사람이 그와 함께 돌아가서 그의 집에서 떡을 먹으며 물을 마시니라 그들이 상 앞에 앉아 있을 때에 여호와의 말씀이 그 사람을 데려온 선지자에게 임하니 그가 유다에서부터 온 하나님의 사람을 향하여 외쳐 이르되 여호와의 말씀에 네가 여호와의 말씀을 어기며 네 하나님 여호와께서 네게 내리신 명령을 지키지 아니하고 돌아와서 여호와가 너더러 떡도 먹지 말고 물도 마시지 말라 하신 곳에서 떡을 먹고 물을 마셨으니 네 시체가 네 조상들의 묘실에 들어가지 못하리라 하셨느니라 하니라 그리고 자기가 데리고 온 선지자가 떡을 먹고 물을 마신 후에 그를 위하여 나귀에 안장을 지우니라 이에 그 사람이 가더니 사자가 길에서 그를 만나 물어 죽이매 그 시체가 길에 버린 바 되니 나귀는 그 곁에 서 있고 사자도 그 시체 곁에 서 있더라 (왕상 13:7-11, 14-24)

본문의 이야기를 계속 읽어내려 가다 보면, 하나님의 사람이 또 하나의 시험을 통과하는 장면을 목격하게 된다. 그는 물질적인 보상을 주겠다는 왕의 제안을 거절했다. 왕의 식탁에서 먹고 마실 수 있는 정치적인 기회도 마다했다. 그런데 얼마 후 그는 하나님의 명령에 불순종하고 곁길로 빠져, 결국 어느 한 늙은 선지자와 함께 떡과 물을 먹고 마셨다. 왕의 융숭한 대접마저 거절한 그가 늙은 선지자의 거짓말은 쉽게 받아들인 이유는 과연 무엇일까?

이 이야기의 어느 곳에서도 이 젊은 하나님의 사람이 자신을 선지자라 지칭하는 모습은 찾아볼 수 없다. 18절에 나타난 늙은 선지자의 언급을 제외하고 말이다. 아마도 이 젊은이는 자신의 존재와 사역을 인정받기까지, 오랫동안 오해의 세월을 거쳐 와야 했을지도 모른다. 이 늙은 선지자의 말이 교묘한 감언이설이었든 혹은 진정한 격려였든, 그것은 그다지 중요하지 않다. 다만 어엿한 선지자로 받아들여지고 싶은 욕망이 그를 하나님께 대한 불순종으로 이끌었다. 이로 인해 그는 결국 온 인생을 망치고 말았다.

우리는 사람들로부터 명예와 인정을 구해서는 안 된다. 이는 사람을 두려워할 때 일어나는 파괴적인 결과이다. 사람을 기쁘게 하려는 욕망에서 자유로워지지 않는 한, 온전한 마음으로 자유롭게 하나님을 섬길 수 없다. 이것이 바로 그리스도의 종이 되는 열쇠임을 사도 바울은 깨달았다. "내가 지금까지 사람의 기쁨을 구하였다면 그리스도의 종이 아니니라"(갈 1:10).

예수님도 이러한 진리를 바리새인들에게 말씀하셨다. "너희가 서로 영광을 취하고 유일하신 하나님께로부터 오는 영광은 구하지 아니하니 어찌 나를 믿을 수 있느냐"(요 5:44). 사람에게서 영광을 구하는 사람은 참된 믿음을 가질 수도 없고, 하나님께 전적으로 순종할 수도 없다. 하나님의 사람으로서 장래가 촉망되던 이 젊은이를 죽음으로 내몬 것도, 바로 사람의 인정을 받고 싶은 마음이었다.

불안

　본문에 나타난 하나님의 사람으로 하여금 하나님께 불순종하도록 만든 또 하나의 요인은 불안이었다. 열왕기상 13장 18절에서 늙은 선지자는 다음과 같이 말한다. "나도 그대와 같은 선지자라 천사가 여호와의 말씀으로 내게 이르기를." 주님은 이미 이 젊은이에게 돌아가지 말라고 분명하게 말씀하셨다. 그러나 안타깝게도 그는 주님의 당부를 까맣게 잊어버렸다. 그리하여 천사에게서 들은 말을 전해 주는 늙은 선지자의 말에 결국 속아 넘어갔다. 이는 겉으로 볼 때는 겸손이었으나 실제로는 불안이었다.

　물론 한 마디의 단순한 메시지보다는 천사의 방문이 훨씬 더 강력한 것은 사실이다. 천사의 방문은 매우 높은 수준의 계시이다. 확실히 그러하다. 그러나 본문을 통해 볼 때, 이 젊은이는 이미 확실한 하나님의 음성을 들은 사람이었다. 갈라진 제단이며, 왕의 손이 마른 사건을 비롯하여 여러 가지 표적들을 떠올려 보라. 이 모든 일들은 나머지 말씀, 곧 어떤 경우에도 길을 돌이켜 아무도 만나서는 안 된다는 하나님의 말씀의 진실성을 충분히 확증해 준다. 하나님이 분명한 메시지를 주실 때, 거기에 순종해야 할 책임은 전적으로 우리에게 있다. 다른 사람들의 생각과 의견이 아무리 우리와 다르더라도 말이다.

　우리는 현명하고 경건한 권고를 귀담아 들을 줄 알아야 한다. 그러나 이는 지금 우리가 다루려는 문제와는 거리가 멀다. 이 하나님의 사람은 하나님의 말씀을 분명하게 들었다. 그리고 나머지 말씀들의 진실

성도 충분히 확증이 되었다. 이미 성취된 것도 있었다. 그럼에도 불구하고 그는 인정을 받으려는 욕구와 불안 때문에 하나님께 불순종했다. 이스라엘 중 이 젊은이만큼이나 극적인 방법으로 예언사역에 입문한 경우가 또 어디 있겠는가? 그의 사역은 출발과는 비교할 수 없을 만큼 훌륭한 대단원을 기대하기에 충분했다. 그러나 채 아물지 않은 거절의 상처를 가지고 있었던 그는 결국 때 이른 죽음으로 인생의 막을 내렸다.

이스라엘 역사 중 이 젊은 예언자만큼 극적으로 무대 전면에 등장한 사람은 아마 찾아보기 어려울 것이다. 본문은 가장 이해하기 힘든 성경 이야기 중 하나이다. 그러나 이 사례는 예언사역으로 부름 받은 이들에게 핵심적인 교훈을 던져 주고 있다.

생명의 원천

거절의 경험을 통해 우리는 진정으로 중요한 것이 무엇인지를 깨닫게 된다. 거절의 경험이 우리에게 부정적인 영향을 주었다면, 이는 우리가 다른 이들 혹은 그들의 생각을 훨씬 더 신뢰하고 있었음을 반증한다. 이때 우리는 사람들에게서 인정을 받으려는 속임수에 빠져 들지 말아야 한다. 유혹을 느끼는 순간, 자신이 오직 하나님의 인정만을 구하는 자세를 상실하고 있었음을 즉시 깨달아야 한다.

거절감을 느낀다는 것은 충절의 대상이 하나님이 아닌 사람이었음을 말해 주는 훌륭한 증거이다. 이 경우에는 재빨리 회개하면 된다. 오히려 거절을 경험할 수 있었음에 감사해야 한다. 주님께서 우리에게 거절을 경험케 하시는 목적을 잘 이해한다면, 인정을 구하는 대상으로서 늘 주님께만 초점을 두고 살아갈 수 있다.

변치 않는 인정은 오직 하나님께로부터 말미암는다. 사람의 인정과 칭찬과 명예는 덫이요 올무이다. 우리가 사람에게서 격려를 받는다면, 그 사람이 우리의 우상이 된다. 반면 하나님의 인정을 구한다면, 하나님이 우리의 예배와 경배의 초점이 된다.

사람에게 거절을 당했을 때에는 주님 안에서 즐거워해야 한다. 또한 사람에 대한 두려움에서 건져 주시는 주님께 감사해야 한다. 사람들에게서 더 많은 인정을 구하려 애쓰는 올무에 빠지지 말라. 온갖 종류의 거절감은 우리 마음이 하나님이 아닌 대상들에게 인정을 받기 위해 곁길로 나갔음을 보여 주는 지표이다. 하나님께로 돌아오라. 주님 안에서 깊은 인정을 발견하라. 그럴 때 비로소 당신은 어떤 대가를 치르더라도 하나님의 뜻에 순종하는 사람이 될 것이다.

Chapter 13

예언사역자들에게 드리는 말씀

예언사역을 처음 시작했을 때만 해도, 나는 예언 자체에 대해서조차 알지 못했다. 내가 자라난 교회의 환경은 지극히 전통적이고 보수적이어서 영적인 은사를 전혀 인정하지 않는 분위기였다. 결국 나는 교회와 하나님께 반항하며 나만의 길을 선택했다.

대학교 2학년 시절부터 나는 주님께 이끌리기 시작했다. 이는 오랜 과정에 걸쳐 이루어진 일이었다. 그만큼 나의 마음은 교만과 반항심, 독립심에 가득 차 있었다. 거의 2년 동안 주님은 내 삶의 근본을 드러내시며 나의 죄악된 생각과 태도들을 직면시켜 주셨다. 나는 점차 하나님께 헌신된 삶을 살아가기 시작했다. 당시 나는 보수적이고 복음주의적이었던 교회에서 중보기도모임에 참여하고 있었다.

이 모임에서 봉사하면서, 특정한 기도 대상자들에게 무슨 일인가가 일어났다는 것과 그것이 현재에도 일어나고 있고 앞으로도 일어날 것이라는 사실이 깨달아졌다. 이때부터 나는 주님이 주신 계시를 사용하여 다양한 상황 가운데 보다 구체적으로 기도했다. 적어도 내 입장에서 볼 때, 깜짝 놀랄만한 기도의 결과가 나타나기 시작했다.

내가 다니던 교회의 목사님은 이제껏 한 번도 들어보지 못한 성경의 진리를 가르쳐 주셨다. 나는 이 진리에 마음을 송두리째 빼앗겼다. 그러던 어느 날 성령세례를 받았고, 질병의 치유도 경험했다. 5분 동안 이루어진 축사사역을 통해 그동안 나를 억압해 온 귀신의 세력을 쫓아내는 체험도 했다. 이러한 경험들은 나의 삶을 더욱 주님께 헌신하도록 이끌었고, 주님과의 관계를 보다 생생하게 만들어 주었다.

이미 주님은 나에게 기도 대상자들을 위한 메시지를 주고 계셨다. 그렇지만 이제껏 나는 내가 예언적인 사람이라는 생각을 전혀 해본 적이 없었다. '예언적'이라는 말의 의미조차 알지 못했다. 그러나 주님과의 깊은 만남 속에서 나는 사람들과 다양한 상황들에 대한 초자연적인 지식을 알아가기 시작했다. 과거에는 이런 현상이 단지 기도를 드리기 전에만 나타났었다. 그러나 이제는 기도 시간이 아닌 일상생활 중에도 계시를 받게 되었다.

내가 뚜렷하게 기억하는 최초의 사례는 한 친구에게 그가 마음에 품고 있는 비밀을 말해 준 것이었다. 그때 그에게 일어나고 있는 일을 주님이 나에게 알려 주셨음을 깨닫고는 우리 모두 깜짝 놀랐다. 그것은 나에게도 매우 충격적인 사건이었다. 나는 얼른 성경을 펴들고 관련 성구를 찾아보았다. 주님이 나에게 지식의 말씀을 주신 것이었다. 그 이후로 주님은 예언에 관해 나를 가르치기 시작하셨다.

이상의 과정에서 주님은 예언사역자로서의 소명에 대해서도 말씀해 주셨다. 이때 나는 예언사역이 실제로 무엇을 의미하는지조차 알지 못하고 있었다. 나는 기도하는 가운데 예언의 은사와 예언사역에 관한 연구에 착수했다. 당시 나에게 실제적인 지침서가 되어준 것은 성경과 성령님, 그리고 나만큼이나 영적으로 미숙했던 몇몇 친구들이 전부였다.

　나는 점진적인 영적 성장을 이루어 갔다. 실수를 저지르기도 했고, 좌절을 겪기도 했다. 낭패감으로 사역을 그만두기도 했다. 숱한 거절도 견뎌냈다. 나에게 떠나 달라고 요청한 교회도 한두 군데 있었다. 내가 하지도 않은 일로 애매하게 비난을 받기도 했다. 나와 같은 성장 배경을 가진 사람들이 흔히 그렇듯, 나 역시 예언의 은사에 있어서나 고집스런 성격 면에서나 여러모로 미숙했다. 결혼도 이 무렵에 했다.

　주님은 아내 외에도 나에게 도움을 줄 사람들을 붙여 주기 시작하셨다. 릭 조이너와 로빈 맥밀란, 밥 존스는 우정과 실제적인 본보기를 통해 나를 지도해 주었다. 이들은 나를 사랑으로 대해 주었고, 나에게 사역의 기회를 주기도 했다. 필요할 때면 따끔한 직면도 불사했다. 점차 나는 교회에 유익이 되는 예언사역자로서의 면모를 갖추어 갔다. 주님은 내가 속한 지역교회를 뛰어넘어 사역의 지경을 다양하게 확장시켜 주셨다.

　그동안의 온갖 성공과 실패 속에서도 한 가지 변함없는 사실이 있다. 내가 예언사역자가 된 것은 단순히 주님을 추구하며 중보기도로 다른 사람들을 섬기는 가운데 자연스럽게 이루어진 일이었다. 주님과의 친밀한 우정과 다른 이를 위한 중보기도야말로 예언사역의 근간이다. 나는 이 사실을 나중에서야 성경을 통해 깨달았다.

말씀의 자리

　추가적으로 말씀드리고 싶은 것이 있다. 성령세례 이후 성경은 나에게 아주 새로운 의미의 책이 되었다. 이미 나는 수십 년간 성경을 읽어 오고 있었다. 그러나 성령세례를 경험한 후부터 성경말씀이 이전과는 다른 전혀 새로운 방식으로 깨달아지기 시작했다. 나는 성경을 깊이 사랑하게 되었다. 잠시라도 손에서 성경을 놓을 수 없을 정도였다. 물론 내가 예언사역에 입문하게 된 발판은 주님에 대한 헌신과 중보기도였다. 그러나 기록된 하나님의 말씀을 탐독하는 일은 모든 깨달음의 틀과 구조가 되었다.

성경은 "더 확실한 예언"(벧후 1:19)이다. 진정으로 예언사역자가 되기를 원하는 자라면, 앞서 지나간 예언자들처럼 말씀을 먹어야 한다(겔 3:1-4; 계 10:8-11). 일평생 성경말씀을 연구하고 적용하는 일에 전념했을 때, 주님은 나에게 '말씀하시기' 시작했다. 주님은 개인들에 관한 것뿐 아니라 교회들과 도시들, 나라들에 대한 계시도 주셨다. 마음 깊은 곳에 하나님의 말씀을 간직함으로써, 하나님의 예언적 목적을 보다 심오한 방식으로 깨닫게 되었다.

사역에 임하는 자세

도로를 금으로 포장하는 사람이 있다면, 아마 그는 틀림없이 엉뚱하리만치 사치스러운 자일 것이다. 하나님은 매우 경제적인 분이시다. 주님은 우리의 삶 속에 한꺼번에 여러 가지 일들을 성취하기를 즐기시는 분인 듯하다. 나의 경우, 주님에 대해 더 많이 알아갈수록 예언사역자로서 갖추어야 할 예민함도 더욱 증대되었다. 예언자적 자질이 깊어짐에 따라, 주님과의 친밀함과 헌신의 수준 또한 점점 더 깊어졌다. 주님이 주시는 계시의 깊이는 나를 깜짝 놀라게 할 정도였다.

예언사역자가 되기를 원한다면, 오직 주님 한 분에 대한 더 깊은 헌신으로 계속해서 나아가야 한다. 만일 그렇지 않다면 접근법을 대대적으로 수정해야 한다. 주님을 향한 첫 사랑을 떠난 자가 지구상에서 가장 탁월한 예언의 은사를 가진들 무슨 유익이 있겠는가! 이번 장을 쓴 목적은 은사를 추구하지 말라는 것이 아니다. 은사를 추구하되, 주님과 더불어 추구하라. 하나님 대신 은사만 추구하지는 말라.

끝으로, 우리가 여전히 배우는 과정에 있음을 늘 기억하라. 스스로 전문가인 양 행동하려는 유혹에 빠져서는 안 된다. 자신을 예언사역의 전문가로 여기지 말라. 우리 시대의 가장 훌륭한 예언사역자라도 단편적이고 부분적인 것만 볼 수 있을 뿐이다. 우리는 더욱 겸손해져야 하며, 주님을 더 깊이 사모해야 한다. 우리에게는 더 나은 계시, 더 나은 해석, 더 나은 인격, 더 나은 사랑이 필요하다. 사도 바울이 주님 안에서 늘 앞으로 나아가기 위해 지닌 마음을 우리도 동일하게 품어야 한다.

> 내가 그리스도와 그 부활의 권능과 그 고난에 참여함을 알고자 하여 그의 죽으심을 본받아 (빌 3:10)

주님이 찾으시는 마음은 다음과 같다. 첫째, 주님을 아는 일을 최고의 갈망으로 삼는 마음이다. 둘째, 주님의 부활의 권능을 간절히 사모하는 마음(주님은 우리에게 부활의 능력을 주신다)이다. 셋째, 기꺼이 주님의 고난에 동참하며 기꺼이 주님처럼 거절을 당하고자 하는 마음이다. 넷째, 주님이 우리를 위해 생명을 주셨듯이 남을 위해 목숨을 내려놓는 마음이다.

주님은 단지 말씀만을 대변할 사람을 찾지 않으신다. 주님은 모든 것을 다해 예수님을 사랑하는 사람을 찾고 계신다. 삶의 초점이 이제 막 언급한 네 가지 마음(주님을 아는 것, 주님의 권능 안에 행하는 것, 주님의 고난에 동참하는 것, 이웃을 위해 목숨을 내려놓는 것)에 맞춰져 있다면, 우리는 더 이상 입술로만이 아닌 존재 자체를 통해 예언사역을 감당하는 자로 변화될 것이다.

Chapter 14

목회자와 교회 지도자들에게 드리는 말씀

이 책은 매우 독특한 관점으로 저술되었다. 나는 목회자이면서 동시에 예언사역자이다. 나는 독자 여러분과 동일한 부류의 사람이기도 하고, 그저 평범한 사람이기도 하다. 목사로서 나는 수없이 다양한 배경과 사상, 부르심을 가진 사람들을 감독하는 일에 따르는 어려움과 책임감을 이해한다. 반면에 예언사역자로서의 나는 예언의 은사와 예언적 부르심에 관한 숱한 오해와 거절에 대해서도 체험을 통해 알고 있다.

몇몇 목회자들과 예언사역자들 간에는 긴장이 존재한다. 여러모로 이러한 긴장은 매우 납득할 만하다. 나는 당신의 마음도 안다. 나와 마찬가지로 당신 역시 교회 안에 성숙하고 건전하게 예언사역이 활성화되기를 원할 것이다. 그러나 성숙한 예언사역자를 기대하기에 앞서 선행되어야 할 것이 있다. 우선 우리 중에 있는 미성숙한 예언사역자들을 수용하고 도와주어야 한다. 사실 주님은 이미 우리에게 필요한 성숙한 예언사역자들을 보내 주셨다. 다만 이들은 '묘목의 형태'로 우리에게 왔다.

우리는 그들을 '땅에 잘 이식하고 돌봐주어야' 한다. 그들이 제자리를 찾을 때까지 충분한 지원을 베풀어야 한다. 그들은 뿌리를 내리고 잘 자랄 수 있는 환경을 필요로 한다. 이 일은 결코 악의로는 할 수 없다. 오직 사랑으로써만 가능하다. 괜히 조급하게 가지치기 하려다가 오히려 죽이는 결과를 초래할 수도 있다. 어쩌면 수많은 이들이 가지치기를 견뎌낼 만한 힘을 보유하기까지 얼마간 성숙의 과정을 필요로 하고 있는지도 모른다.

다음 목록은 교회 안에 예언사역을 수용하는 일에 도움이 될 만한 몇 가지 권면들이다.

예언사역의 가치를 인정하고 존중하라

예언사역에 관하여 가르치라. 좋은 씨앗을 뿌리지 않는 자가 기대할 것이란 잡초 외에 없다. 설교를 통해 예언사역의 가치를 인정하고 존중하라고 가르치라. 좋은 씨를 뿌리고 물을 주어 잘 가꾸면, 주님은 당신으로 하여금 멋진 수확을 얻게 하실 것이다.

교회 안에 예언사역이 가능한 환경을 조성하라

예언은 교회의 덕을 세워 준다는 점에서 특히 도움이 된다. 이제까지 나는 예언사역을 허용함으로써 수많은 사람들이 유익을 얻는 모습을 지켜보았다. 예언사역의 무궁무진한 열매는 말로 다 표현할 수 없다. 사람들은 다른 이를 위해 사역의 도구로 사용되면서 자신들이 가지고 있던 대부분의 문제들이 저절로 사라져 버리는 것을 체험한다.

도저히 지적으로 동의할 수 없는 일마저 무조건 수용하지는 말라

예언을 검증하라. 하나님의 뜻을 놓칠 수도 있다는 두려움에서 벗어나라. 많은 목회자들과 교회 지도자들이 하나님의 말씀의 요지를 잃을지도 모른다는 두려움 때문에 주저하며 예언을 검증하지 않는다. 우리의 아버지이신 하나님은 우리의 깨달음이 성장해가는 동안 늘 인내로써 함께 해주신다. 당신이 무언가 확신하지 못하는 것이 있다면, 주님께 물어보라. 주님은 우리에게 지혜를 주신다.

예언사역자들을 잘 돌봐주되, 그들을 목회자로 만들지는 말라

사과를 오렌지로 만들 수는 없다. 예언사역으로 부름 받은 사람들은 종종 색다른 면을 보인다. 어떤 경우에는 몹시 이상하기도 하다. 때로는 그들이 별의별 이유들로 인해 절망스러워하는 모습도 보게 될 것이다. 당신이 갖고 있는 어떤 면이 예언사역자에게 도움이 될 수도 있으나, 예언사역자들은 결코 목회자가 될 수 없다.

필요에 따라 권위를 행사하라

절대로 겁쟁이처럼 행동하지 말라. 반항적이고 미성숙한 예언사역자들이 교회 안에서 활개 치도록 방치하지 말라. 이들을 내버려 두는 것은 주님의 명예를 실추시키는 일이자, 예언사역의 활성화를 가로막는 일이다. 지도자로서의 위상을 증진시키는 방향으로 지혜와 분별을 활용하라.

교회 안에서 예언사역에 관해 가르치고 이를 허용한다면, 당신은 언제든지 필요에 따라 예언사역자들을 지도하고 바로잡을 수 있다. 일단 신뢰관계가 확립되면, 예언사역자들은 당신의 지도력에 마음을 열 것이다.

예언사역을 허용함으로써 우리 교회를 비롯한 전 세계 수많은 교회들이 누려온 유익은 말로 다 표현할 수 없다. 놀랍게도 우리 교회와 사역위원회를 통해 훈련받은 예언사역자들이 실제로 말썽을 일으킨 적은 거의 없었다. 컨퍼런스와 수련회, 우리 교회의 다양한 집회를 통해 우리 팀의 예언사역을 받은 이들의 수는 이제까지 3만 명이 넘는다. 그러나 그동안 발생한 문제의 수는 겨우 25건 미만에 불과하다. 물론 그 밖에 다른 실수들도 있었겠으나, 거듭하여 언급할 필요가 없는 사소한 것들이었다.

우리 교회에서 행해지는 예언사역자 훈련의 뼈대는 이 책에 소개된 전반적인 내용과 거의 유사하다. 우리는 예언사역에 관한 성경적 정의를 가르친다. 반면에 방해물이 되어온 신화들은 제거해 낸다. 하나님이 말씀하시는 방법과 해석방법, 예언을 관리하는 방법도 가르친다. 훈련 과정을 마친 이들에게는 고린도전서 14장 3절이 제시하는 척도의 범주 안에서 예언사역을 하도록 허용한다. 예언사역 팀을 지도하고 감독하기 위해 노련하고 성숙한 사역자들을 활용하기도 한다.

팀원들이 성숙해짐에 따라 이 책의 후반부에 열거한 다양한 사항들에 착수하기도 한다. 예언의 영에 관해, 사랑에 관해, 인내에 관해, 기타 성령의 열매들에 관해서도 가르친다. 사람들의 마음을 아프게 하는 거절의 문제도 다룬다. 소정의 과정을 모두 마친 후에는 주님이 우리에게 보내 주신 이들을 사랑하고 받아들이기 위해 애를 쓴다. 필요할 때면 개인적인 직면도 마다하지 않는다. 강하게 직면한다고 해서 결코 그들을 거부하는 것은 아니다. 거절이 아닌 사랑의 직면은 수많은 이들에게 치유를 가져다주었다.

 몇 년 전까지만 해도 미숙했던 사람들이 이제 다른 누군가를 훈련시키고 가르치는 일에 쓰임 받게 되는 경우가 얼마나 많은지 모른다. 목회자가 되어 또 다른 사역의 영역에서 권능 있는 도구로 사용되는 이들도 있다. 예언사역자들에게 기회를 부여하라. 그러나 그들을 방치하지는 말라. 목적과 계획 가운데 예언사역을 허용할 때, 예언사역을 통해 매우 놀라운 일이 일어나는 것을 목도하게 될 것이다.

부록

'주님이 말씀하시기를'이라는 표현을 어떻게 생각하는가?

보수적이고 복음주의적인 교회에서 성장한 나는 한 번도 '주님이 말씀하시기를'이라는 말을 들어본 적이 없었다. 이 말을 처음 접한 것은 대학 졸업 이후의 일이었다. 영적인 사역에 발을 디딘 후 첫 2년 동안, 나는 예언사역을 할 기회를 놓치고 있었다고 생각했다. 당시만 해도 오늘날과 같은 방식으로 예언적 메시지를 전달하는 법을 전혀 모르고 있었다. 처음으로 누군가에게 예언의 말씀을 전해 주려는데, 나 자신이 몹시 우스꽝스럽게 느껴졌다. 그래서 사역 도중에 말을 중단하고 말았다.

예언할 때 사용되는 '주님이 말씀하시기를'에 대한 성경적 기반을 논하기에 앞서, 우선 다음과 같은 각서를 써둘 필요가 있을 것 같다. 주님은 참된 예언적 메시지를 이상한 방법으로 주기도 하신다. 그러나 메시지의 형태가 낯설다고 해서 이를 무시해 버린다면 정말 비참한 일이다. 이스라엘은 열두 부족으로 이루어진 민족이었다. 교회 역시 수많은 상이한 종족들로 구성된 나라이다. 교회 안에는 다양한 문화적 차이들이 존재한다. 우리는 이러한 차이들을 조롱할 것이 아니라 오히려 존경하고 기뻐해야 한다.

우리 교회에서는 훈련받는 예언사역자들에게 '주님이 말씀하시기를'이라는 표현의 사용을 금지시킨다. 그렇다고 해서 '주님이 말씀하시기를'이라는 표현을 사용하여 진실한 예언의 말씀을 전한 사람을 공개적으로 징계하지는 않는다. 나는 신학적 논쟁을 부추기고 싶지는 않다. 다만 수용할 만한 예언사역이 되기 위해 필요한 지침을 제시하고자 한다.

다음은 내가 예언사역에서 '주님이 말씀하시기를'이라는 표현을 사용하지 않는 몇 가지 이유들이다. 각각의 항목들은 성경적인 선례를 근간으로 한다.

1) 구약의 예언자들이 '주님이 말씀하시기를'이라고 선포한 배경은 다음과 같다. 당시는 수많은 거짓 예언자들이 각각 자신이 섬기는 신의 이름으로 예언을 하고 있었다. 이런 상황에서 구약의 예언자들은 여호와의 이름으로 예언을 해야 했다.

성경에는 서로 다른 수많은 이방신들을 섬기는 거짓 예언자들의 목록이 소개된다. 바알, 아스다롯, 브올, 다곤, 몰렉 및 기타 거짓 신들은 모두 각각 자기들만의 예언자를 두고 있었다. 이들은 예언을 선포할 때 '바알 신이 말씀하시기를,' 혹은 '브올 신이 말씀하시기를'과 같은 표현을 사용했다. 하나님의 예언자들도 사람들에게 '주 여호와가 말씀하시기를'이라고 선포했다.

교회 안에서 예언을 선포할 때, 이미 사람들은 우리가 하나님이 주셨다고 믿는 메시지를 전한다는 사실을 잘 이해하고 있다. 따라서 오늘날과 같은 상황에서는 굳이 이 표현을 덧붙일 이유가 없다. 그러나 점성가나 점쟁이들과 영적 전쟁을 벌이고 있는 신자들의 경우는 문제가 다르다. 이들은 채널링을 통해 귀신의 이름으로 예언을 한다. 이처럼 하나 이상의 '신'(god)이 예언을 하는 상황에서는 누구의 말씀을 대언하고 있는지를 반드시 밝혀야 한다. 이때 우리는 '이것은 예수님이 하시는 말씀입니다'라는 표현을 써야 할 수도 있다.

2) '주님이 말씀하시기를'이라는 표현을 쓰지 않는 두 번째 이유는 다음과 같다. 나는 예수님의 생애를 면밀히 검토해 보았는데, 하나님의 아들인 예수님도 예언하실 때에 이 표현을 사용하지 않으셨다. 주님은 다만 '진실로, 진실로'라는 표현을 쓰셨다. 이를 현대적 표현으로 바꾸면 다음과 같다. '내가 진정으로 너희에게 진리를 말하노니.'

하나님이신 예수님조차 '주님이 말씀하시기를'이라고 하지 않으셨다. 그렇다면 우리가 굳이 이런 표현을 사용할 이유가 무엇이겠는가? 예수님은 모든 사역에 있어 우리의 모범이시다.

3) 끝으로 이 표현은 신약성경에서 잘못된 예언 속에 단 한 번 유일하게 사용되었다. 사도행전 21장 10-11절에서 아가보는 '성령이 말씀하시되'라고 말한다. 아가보는 자신이 받은 계시의 일부를 잘못 해석했다 (이 부분에 관한 상세한 사항은 4장을 참조하라). 신약성경에서 '주님이 말씀하시

기를'이라는 표현이 들어간 예언은 단 한 번 등장한다. 그것도 잘못된 예언에서 말이다. 이로써 나는 한 가지 결론에 도달했다. 성경은 우리에게 이런 표현을 쓰지 말라는 메시지를 주고 있다!

우리는 부분적으로 알고, 부분적으로 예언한다. 나는 예언할 때 '주님이 말씀하시기를'이라는 표현을 굳이 사용해야 할 이유가 없다고 본다. 우리는 훈련 중에 있는 예언사역자들에게 '주님이 당신께 알려 주기 원하시는 것이 있다고 믿어집니다' 혹은 '주님이 당신을 위해 제게 무언가를 보여 주신 것 같습니다'와 같은 표현을 권한다. 이러한 표현들을 사용할 때, 예언을 받는 당사자들은 주님의 말씀이라는 이유로 반드시 받아들여야 한다는 압박감 없이 메시지를 판단할 여지를 확보할 수 있다.

You may all prophesy
by Steve thompson

Copyright ⓒ 2000 by Steve thompson

Published by Morningstar Fellowship Church
P. O. Box 19409, charlotte, NC 28219-9409

Korean Translation Copyright ⓒ 2020 by Pure Nard
2F 16, Eonju-ro 69-gil Gangnam-gu, Seoul, Korea

The Korean edition is published by arrangement with Morningstar Fellowship Church.
All rights reserved.

본 저작물의 한국어판 저작권은 Morningstar Fellowship Church와의 독점 계약으로 '순전한 나드'가 소유합니다.
저작권자의 허락 없이 이 책의 일부 또는 전체를 무단 복제, 전재, 발췌하면 저작권법에 의해 처벌을 받습니다.

당신도 예언할 수 있다

초판 발행| 2005년 1월 30일
개정1쇄| 2020년 3월 23일

지 은 이| 스티브 탐슨
옮 긴 이| 임정아

펴 낸 이| 허철
편　 집| 김혜진
디 자 인| 이보다나
총　 괄| 허현숙
인 쇄 소| 예원프린팅

펴 낸 곳| 도서출판 순전한 나드
등록번호| 제2010-000128
주　 소| 서울특별시 강남구 언주로69길 16, (역삼동) 2층
도서문의| 02) 574-6702
편 집 실| 02) 574-9702
팩　 스| 02) 574-9704
홈페이지| www.purenard.co.kr

ISBN 978-89-6237-302-8 03230

(CIP제어번호 : CIP2020007519)
이 도서의 국립중앙도서관 출판예정도서목록(CIP)은 서지정보유통지원시스템 홈페이지(http://seoji.
nl.go.kr)와 국가자료공동목록시스템(http://www.nl.go.kr/kolisnet)에서 이용하실 수 있습니다.